Anonymous

Sozialistische Briefe aus Amerika

Anonymous
Sozialistische Briefe aus Amerika
ISBN/EAN: 9783744671545
Hergestellt in Europa, USA, Kanada, Australien, Japan
Cover: Foto ©ninafisch / pixelio.de

Weitere Bücher finden Sie auf **www.hansebooks.com**

Sozialistische Briefe aus Amerika.

> Epistolae habent plus nativi sensus quam orationes, plus etiam maturitatis quam colloquia subita.
> *Baco.*

München.
Carl Merhoff's Verlag.
1883.

Diese Briefe sind von einem Manne geschrieben, der früher lebhaften Antheil an der sozialen Bewegung in Deutschland genommen hat. In seiner Korrespondenz mit einem Freunde in Süddeutschland verbreitet sich nun der amerikanische Farmer über die politischen, sozialen, kirchlichen, militärischen, industriellen, agrarischen und kulturellen Zustände der neuen und alten Welt und zieht die beiderseitigen Verhältnisse mit besonderer Bezugnahme auf Deutschland und Oesterreich in fortwährenden Vergleich. Die frische Sprache, das freimüthige Urtheil, die rückhaltlosen Bekenntnisse, vielseitigen Erfahrungen, unmittelbaren Eindrücke, originellen Gedanken und überraschenden Beobachtungen, welche in den Briefen niedergelegt sind, werden die Lektüre derselben jedem, der für die Vorgänge der Gegenwart, die Entwicklungen der Geschichte und die Zukunft des Vaterlandes

Direktoren und sonstige Schlaumeier und Kolonistenverführer vorsagten. Darnach schrieb er seine verlockenden Berichte. Ein bezahlter Agent hätte die Lage und Zukunft Amerikas nicht schöner anstreichen können. Doch ich war einmal in der teutonischen Wuth drinnen, das Sozialistengesetz ärgerte mich jeden Tag mehr, ich ging — auf den Leim. Wahrlich, das ist eine schöne Republik!

Du weißt es, ich bin mein Lebtag ein fleißiger und brauchbarer Mann gewesen. Ich verließ mich auf meine mehrseitigen Kenntnisse und Fertigkeiten, auf meine Arbeitskraft und Arbeitslust. Wie bin ich enttäuscht! Ich wanderte von Staat zu Staat, ich suchte Arbeit, fand auch vorübergehend Verdienst, doch mußte ich immer von dem mitgebrachten Gelde zusetzen. Ich lebte so sparsam und kärglich als ich konnte, obschon das amerikanische Klima, besonders im Norden, einen guten Lebensstand verlangt. Alles, was sich bot, griff ich an, ohne Erfolg. So darbte ich mich bis New-Orleans durch. Das Geld war dahin bis auf zweihundert Dollars, der Rest eines artigen Vermögens, mit dem ich in Deutschland ein anständiges Geschäft betreiben konnte. Ein Dampfer rüstete sich eben zur Rückfahrt nach Deutschland. Sofort meldete ich mich beim Kapitain als Maschinist. Für meine Familie sollte ich 300 Francs bezahlen. Ich sollte freie Station haben als Entgelt für meine Dienste. Alle vier Stunden sollte Ablösung sein. Der Kapitän bestellte mich 48 Stunden früher an Bord als die Andern, die hagelbesoffen herumliefen. Weil ich nüchtern war, mein Geschäft verstand und umsonst arbeitete, mußte ich zwei Tage eher einrücken. Ein Matrose theilte mir mit, daß mich der Kapitän angelogen: ich müßte sechs statt vier Stunden Dienst machen, da ein Mann zu wenig sei. Diese minder reelle Art des Kapitäns veranlaßte mich, das Schiff zu verlassen. Da in New-Orleans nicht gleich eine Arbeit aufzutreiben war, beschloß ich, Regierungsland zu nehmen.

Nun bin ich Grundeigenthümer. Ich besitze ein Stück Land, wie bei uns in Bayern der größte Bauer, freilich unkultivirtes Land, das ich erst nach und nach bearbeiten muß. Diesen Winter habe ich einen Acker mit Wein bepflanzt, der zur Zeit sehr schön steht. Weitere drei Acker habe ich von Holz frei gemacht, d. h. die Bäume habe ich umgehauen und zusammen gebrannt. Auch diese drei Acker gedenke ich im nächsten Winter mit Wein zu bepflanzen und außerdem zwei Acker für einen Garten umzubrechen. Aber das Geld droht alle zu werden. Ich muß also dennoch zur Stadt, vor der mir ekelt, um während des heißen Sommers Arbeit zu nehmen und wieder etwas Geld zu bekommen, was ich auch im nächsten Jahr werde thun müssen, denn der Wein trägt erst im dritten Jahr. Im Sommer gibt es in New-Orleans schon Arbeit, freilich ist sie bei der Hitze enorm schwer und ermüdend. Auf dem Lande gefällt es mir besser. Auch bekomme ich allmälig mehr Nachbarschaft. Erst vor einigen Tagen sind wieder drei deutsche Familien angekommen. Wenn die Besiedelung derart fortgeht, wird in meiner Nähe bald kein Land mehr frei sein.

Jetzt trage ich mich mit dem Vorhaben, Maulbeerbäume für die Seidenzucht anzulegen, ferner einen großen Obstgarten, denn das Föhrenholz nützt mir momentan doch nichts. So habe ich eine kleine Hoffnung, daß sich mit schwerer Mühe und endloser Sorge meine Verhältnisse bessern werden. Nach Jahren wird das Land an Werth zunehmen und ich kann es dann eher verkaufen, wenn ich wieder nach Deutschland heimkehren will, und das ist, aufrichtig gestanden, mein Ziel.

Die Arbeitslosigkeit ist in Amerika mindestens so groß wie in Deutschland. Der einzige Unterschied ist da und dort blos der, daß die Arbeit, wenn man eine hat, etwas besser bezahlt wird. Aber der Arbeitslose selbst wird in Amerika noch unvergleichlich niederträchtiger behandelt als in Deutschland. Ueberhaupt steht die von den deutschen Demokraten und auch einstmals von mir so hoch verehrte Republik in der Anerkennung der Menschen= und Arbeiterrechte viel hinter dem geschmähten Deutschland zurück. Ja wer Geld hat, um Landwirthschaft betreiben zu können, dem rathe ich gerade nicht ab, er mag sein Glück probiren, dazu gehören aber immer noch einige tausend Mark für den Betrieb, nachdem er einmal an Ort und Stelle ist. Regierungsland ist in unserem Staate (Louisiana) und auch noch in einigen anderen Staaten zu haben. Dieses Land kostet nichts, allerdings gehört es nicht immer zum besten. Doch ist das Land, das die Eisenbahngesellschaften an die Ansiedler verschachern, oft nicht besser und meistens nicht entfernt das Geld werth, das man beim Ankauf zahlen muß.

Der eingeborne amerikanische Arbeiter sowie der eingewanderte englische Arbeiter sind sonderbare Naturen, die nur stolz sind auf ihre eingebildete Freiheit und die Karbatsche nicht fühlen, mit der sie täglich ins Gesicht geschlagen werden. Es sind recht viele unwissende, rohe Leute unter ihnen, gegen vierzig Prozent können weder lesen noch schreiben. Und erst der Auswurf der irischen Menschheit! Ja mit diesem können wir deutsche Arbeiter uns unmöglich auf eine und dieselbe Stufe stellen lassen, wie es die amerikanische Ausbeuterclique will. Es ist auch

eine eitle Hoffnung, mit solchen Menschen eine systematische
Verbesserung der sozialen und wirthschaftlichen Zustände
zu Stande bringen zu können. Die besseren Gefühle,
welche den deutschen Sozialisten bei ihrer Agitation für
eine internationale Arbeiterassoziation vorschwebten, werden
hier mit eiskaltem Wasser niedergedämpft. Die deutschen
Arbeiter im Vaterlande können nur etwas erreichen, wenn
sie dem internationalen Verbrüderungsschwindel Valet sagen
und zu einander und zu ihrem deutschen Lande halten.
Auf die intime Mitarbeit der englischen, irischen, ameri=
kanischen, italienischen, russischen 2c. Arbeiter bauen wollen,
heißt Wasser ins Meer tragen. Man muß die Iren 2c.
nur zur Arbeit laufen sehen, wie ich sie in Nordamerika
sah, mit dem blechernen, für Mittag gefüllten Freßkübel!
Im Norden ist nur eine halbe Stunde Mittagszeit, damit
der „Boß" Abends weniger Licht braucht und Mittags
etwas für Feuerung erspart. Wahrlich, so dürfte man in
Deutschland die letzte Arbeiterklasse nicht behandeln! Ja
gewiß, mein lieber Freund, Du hattest Recht, als Du
schon vor vielen Jahren nach dem Eisenacher Kongreß
gegen den internationalen Humbug für eine nationale
Organisation eintreten wolltest, doch scheinen die Herren
„Führer" mit ihren Professorentheorien nach und nach zu
einer besseren Einsicht zu kommen, obschon sie immer
wieder rückfällig werden, sonst würden sie nicht für eine
internationale Fabrikgesetzgebung agitiren, worüber hier zu
Lande jeder vernünftige Sozialist lacht. Denn käme sie
wirklich zu Stande, so würde in der schönen Republik nur
ein Gesetz mehr da sein, um nicht gehalten zu werden.
Die deutschen Sozialistenführer treiben ein thörichtes Spiel,
indem sie gegen alle Sozialreformen opponiren, die von
oben kommen. Sie haben Angst um ihre politische

Stellung und füttern ihre Heerde mit wolkenkukuksheim= lichen Ideen, während sie bei klugem Vorgehen die Re= gierung zu praktischen Arbeitergesetzen veranlassen könnten. Es ist gerade, als ob sie keine Reformen wollten, wenn= gleich sie die Regierung beschuldigen, daß diese keine Aenderungen wolle. Nun, die deutschen Arbeiter werden hoffentlich über kurz oder lang eine solche Komödie satt kriegen und die Reformen von demjenigen nehmen, der sie ihnen geben will.

Du siehst, mein Herz ist noch drüben bei euch. Hier darf man überhaupt keines haben. Welche Thoren waren doch wir, als wir für die Republik schwärmten und das Sternenbanner neben die rothe Fahne stellten! Farben sind Symbole, sagt man, aber was für Symbole manchesmal! Wir Deutsche sind doch wahrlich rechte — Philosophen. Grüße die Freunde und schreibe mir bald und viel! Deine Briefe sind dem Einsiedler in der Wüste frohe Botschaften aus dem Jenseits.

II.

New=Orleans, den 18. März 1883.

Deine Zeitungssendung habe ich mit frohem Dank erhalten. Sieh' doch einmal diesen Schwindel, den die hier eingewanderten Herren vom „Sozialdemokrat" treiben! Kaum haben sie ein Stück Land, so schreiben sie hinüber nach Zürich, wie gut es ihnen geht, und die Redakteure schreiben den Humbug gläubig nach. Die Herren Obrist und Herter vom „Sozialdemokrat" sind erst nach mir ins Land gekommen und nun schwimmen sie schon oben. So etwas kann und darf man nur den vertrauensseligen deutschen und schweizerischen Landsleuten bieten. Ich wollte wetten, daß sich wieder verschiedene Genossen verleiten lassen, zur „Kolonie" der Herren Obrist und Herter zu stoßen, um zu Gunsten gewissenloser Verführer ihren letzten Pfennig und ihre beste Kraft für ein Leben voll Enttäuschungen dranzugeben. Im letzten Jahre wollte ich mit diesen Herren gemeinsam Land okkupiren, aber damals gingen sie darauf nicht ein. Ich war gezwungen, allein zu gehen. Im März wollten sie mit mir gemeinschaftliche Sache machen, nun wies ich ihnen die Thüre. Nachdem ich mich den Winter über allein geplagt, brauche ich keinen Partner. Die Herren sollen nur jetzt hübsch schwitzen, doch scheinen sie keine große Freude daran zu haben, weil sie durch ihre schweizerischen Organe einen Nachschub von Arbeitern anlocken wollen. Mein Land stach ihnen in die Augen, aber jetzt ist es mit dem „Kommunismus" und „Kollektivismus" vorbei und auch von einem Compagniegeschäft mit solchen Herren, denen die Arbeit zumeist nur als Fremdwort bekannt ist, ist für mich keine Rede mehr.

Unsere lieben deutschen Sozialdemokraten sind manchmal recht sonderbare Heilige. Wenn sie zu uns herüberkommen, werden sie oft recht kleinlaut, obschon sie drüben die größten Schreier waren. Oder sie haben nicht den Muth zu dem kleinsten Entschluß, während sie drüben die Welt- und Wirthschaftsverbesserung en gros — mit dem Maul — betreiben. Man läuft mit ihnen ganze Wochen im Walde herum und die siebengescheidten Herrschaften wissen aus lauter Wahl, Knauserei und Habsucht nicht, was sie nehmen sollen. Sie danken einem zu guter Letzt nicht einmal für den Aufwand von so viel Zeit, die man ihnen geopfert. Von Gegengefälligkeiten ist keine Rede und jeder meint, wenn er die Strecke Landes sieht, die er sein nennen darf, er müßte gleich Landlord werden. Er murrt dann für sich allein herum, verthut sein Geld und kommt schließlich doch nicht weiter. Mit dem früheren Verleger des „Sozialdemokrat" (Herter) verlief ich ungeheuer viel Zeit, buck ihm Brod ꝛc. Er wußte, daß ich damals keinen Bissen im Hause hatte, aber er bot mir keinen an. So etwas ist mir noch nicht einmal von einem Amerikaner zu Theil geworden! Nun habe ich die Gutmüthigkeit satt. Wem ich jetzt als Wegweiser dienen soll, der muß mir außer guten Worten noch Geld geben. Ich zeige Keinem mehr ein Land umsonst. Bis ich mein Stückchen Land fand, mußte ich 100 Dollars opfern.

Genug von den deutschen Sozialdemokraten! Du willst ja lieber von den Amerikanern hören. Die charakteristischen Eigenschaften des Yankee sind Borniertheit und Stolz. Seine gepriesene Intelligenz zeigt sich in Pfiffigkeit, Uebervortheilung, Herzlosigkeit, Härte, Grausamkeit, Betrug, Raub, auch Diebstahl und Mord. Mit der vielgerühmten Erfindungsgabe des Amerikaners ist es nicht weit her. Guckt er in der Industrie einer fremden Nation etwas ab, so schreit er mit seiner Erfindung in allen Zeitungen herum und läßt sich jeden Pfifferling, über den in Deutschland jeder Schuljunge lachen würde, patentiren. Herr Professor Reuleaux hat ihm einen außerordentlichen Gefallen gethan, als derselbe die deutsche Industrie mit dem „Billig und schlecht" bekritelte. Die Ausstellung in Philadelphia war der schlechteste Maßstab für die vergleichende Beurtheilung der Industrieen der verschiedenen Länder. Denn die amerikanische Industrie ist in Wirklichkeit eine ganz andere als auf den Ausstellungen. Auf der Philadelphia=Ausstellung spottete der Amerikaner mit Reuleaux über das „Billig und schlecht" — in Wirklichkeit heißt es bei ihm: „Theuer und schlecht". Bei uns in Deutschland würde man jedem Lehrbuben, der ein Jahr in der Werkstätte ist, die Hosen nach Noten ausklopfen, wenn er solche Lumpenarbeit machen würde, wie sie hier haufenweise auf den Markt kommt. Die alte Welt braucht vor der amerikanischen Industrie nicht zu erschrecken. Wenn wirklich einmal ein Stückchen Arbeit gemacht werden soll, das man ansehen kann, so muß man deutsche oder französische Arbeiter haben. Der Amerikaner rackert, schafft und hetzt, aber er kann nur einen ungeheuren Haufen Schund produziren. Und was den Respekt betrifft, den die deutschen Zeitungen vor Edison haben, so weiß hier jeder intelligente Arbeiter, daß Edison eigentlich nur ein marktschreierischer Nachahmer europäischer und vornehmlich, deutscher Erfindungen ist. Nichts desto weniger ließ er sich auf seine elektrische Beleuchtung 673 Patente geben, auf jede Kleinigkeit eines, die er von einem deutschen Muster abgelauert. Gerade in diesem Augenblicke lese ich von einer neu patentirten Falzzange für Schuhmacher, von der in Inseraten und Reklamen großes Aufhebens gemacht wird. In der Schweiz habe ich diese Zange schon vor Jahren in Gebrauch gesehen, jetzt hat sie ein amerikanischer „Erfinder" nachgeahmt.

Die deutsche Industrie kann hier mit der amerikanischen trotz der großen Zölle immer noch konkurriren, ja deren Konkurrenzfähigkeit nimmt mit dem besseren Geschmack und der größeren Solidität zu. Gute deutsche Waare wird immer mehr gesucht, namentlich wenn die Zufuhr guter deutscher Arbeiter aufhört. In Amerika wird auf die Erziehung eines tüchtigen Arbeiternachwuchses nicht viel ge=

geben. Bei der hier üblichen Wurxerei kann man auch
keine ordentlichen Lehrlinge bilden, ganz abgesehen davon,
daß hier ein jeder Junge schon den selbstständigen Arbeiter
und Meister spielen will. Gelingt es den Deutschen, ihre
Industrie durch Erhaltung des eigenen einheimischen
Marktes und durch Gewinnung neuer Absatzgebiete in
der Fremde auf der Höhe zu halten, dann wird die
amerikanische Industrie keineswegs an Bedeutung zunehmen,
weil ihr dann die Rekrutirung konkurrenzfähiger Arbeits=
kräfte erschwert wird. In Amerika sehen deßhalb einsichtige
Männer nicht ohne Sorge in die Zukunft und sie befürchten
nichts mehr, als daß die russischen Ostseeprovinzen und
Russisch=Polen zum deutschen Reiche geschlagen werden
möchten, wodurch die überschüssigen Arbeitskräfte einen
anderen Abzug fänden. Kurz, es wird viel Geld ausge=
geben, damit in der Ueberführung deutscher Arbeiter kein
Stillstand eintrete, um stets billige Hände in Masse zur
Verfügung zu haben und die Löhne herabzudrücken. Doch
beginnt jetzt zum Theil eine rückläufige Bewegung. Ar=
beiter, die das Geld haben, machen sich auf den Heimweg,
weil hier die Bezahlung zusehends schlechter wird. Gar
Mancher meint, wenn er drüben so viel arbeite, als er
hüben arbeiten müsse, dann werde er in Deutschland min=
destens ebenso gut durchkommen. Allein den meisten, die
so denken, fehlt es an dem nöthigen Kleingeld zur Reise.

Um wie viel Deutschland und Frankreich in der In=
dustrie voraus sind, das zeigen die Amerikaner dadurch,
daß sie mit Stolz darauf hinweisen, wenn einer ihrer
Handwerker in Paris, Stuttgart, München, Berlin oder
Wien in der Lehre war. Ein solcher Amerikaner versäumt
es nicht, dies in seinen Geschäftsempfehlungen, Cirkularen
und Annoncen, ja sogar auf seinen Firmenschildern zu

bemerken. Und solche Art der Reklame zieht, weil eben die Amerikaner das (allerdings nicht eingestandene) Gefühl haben, daß ihre gewerbliche Erziehung und Gebahrung nicht darnach angethan ist, um Arbeitskräfte zu bilden, welche im internationalen Wettbewerbe zu obsiegen vermögen. Je größeres Gewicht die deutschen Handwerker und Arbeiter auf die Schulung und Drillung der Lehrlinge legen, um so besser wird die deutsche Industrie auf dem Weltmarkte zu konkurriren vermögen. Ich sehe das hier täglich mehr und mehr ein. An Beispielen fehlt es ja nicht, doch für Dich genügt das Gesagte, das lediglich Deine alten Ansichten bestätigt. Ich muß schließen, die morgende Arbeit ruft zum heutigen Schlaf. Sende mir bald wieder Zeitungen, ich warte mit Sehnsucht auf ein neues Packet.

III.

New-Orleans, den 25. März 1883.

Deine neue Sendung habe ich erhalten. Dank, tausend Dank dafür! Leider kann ich nicht sagen, wie ich Dir Deine Güte belohnen soll. Ich will darüber auch vor der Hand gar nicht reden, sondern begnüge mich mit dem Versprechen, Deinem Wunsche gemäß jeden Sonntag an Dich zu schreiben und mich mit Dir zu unterhalten, wie wir es früher schriftlich und mündlich gepflogen haben. Nur mußt Du meine verschlechterte Schrift entschuldigen. Die Hand ist von der harten Arbeit schwer geworden, auch fängt die Hitze an auf die Nerven einzuwirken und dann braucht mein durch Entbehrungen abgestandenes Blut einige Zeit zur Erholung und Auffrischung. Indessen will ich gleich auf die Frage in Deinem letzten Briefe eingehen.

Du willst wissen, wie ich über das deutsche Verbot der Einfuhr amerikanischen Speckes u. dgl. denke. Ich sage es ohne Umschweife: die Reichsregierung hat vollständig Recht. Hätte ich Amerika nie kennen gelernt, dann würde ich wohl mit den sozialdemokratischen und fortschrittlichen Manchestermännern heulen und weheklagen über die Vertheuerung der nothwendigsten Lebensbedürfnisse für den armen Mann. Gleich nach meiner Ankunft in New-York wurde ich von dortigen Sozialdemokraten, mit denen ich Bekanntschaft geknüpft hatte, zu meinem anfänglich nicht geringen Erstaunen eines anderen belehrt. Diese schimpften ganz wüthend über die Präparation der Kunstbutter, der Schmalzsurrogate, des Büchsenfleisches und der Rauchfleischwaaren. Die Abdeckereien in den großen Städten lieferten ganze Schiffsladungen von Fett und Fleisch in allen möglichen Formen nach Europa. Für den deutschen Arbeiter ist schließlich alles gut genug. Der Amerikaner will sein Stück Fleisch von frischgeschlachtetem Vieh haben und ruft nach der Sanitätspolizei, wenn er in den Metzgereien, die seinen Bedarf decken, nicht alles in der Ordnung findet. Dagegen wird den großen Schlächtereien, Wurstlereien und Schmalzfabriken, die für die Ausfuhr arbeiten, durch die Finger gesehen. Allgemein wird es in Amerika behauptet und geglaubt — auch verschiedene Zeitungen haben es wiederholt durch Thatsachen erhärtet —, daß gefallene und kranke Thiere in Menge für die gedachte Industrie verwendet werden. Der Amerikaner hält darum streng darauf, daß für seine Mahlzeiten nur frisches Fleisch und frische Butter genommen werden. Die reichen Leute kaufen mit Vorliebe europäische Butter, der die einheimische an Güte nicht gleichkommt.

Das Rindfleisch, welches die besseren Familien in den großen Städten des Ostens kaufen, ist nicht zu theuer, aber nur zum Braten gut. Die wohlhabenden Leute essen nur theures Lendenfleisch von bester Qualität. Die Ochsen, welche dieses Fleisch liefern, werden in den Oststaaten schon etwas sorgfältiger gezüchtet und gemästet als die Thiere, welche das Fleisch für die arme Klasse und den Export stellen. Die Schafe haben schlechtes Fleisch, das Schweinefleisch ist nicht entfernt so wohlschmeckend wie das von deutschen Sauen. Die Kälber werden meist sehr jung geschlachtet und haben lotteres, schwammiges Fleisch. Für die Ausfuhr wird das Fleisch ohne Unterschied verwurstet, eingepöckelt, konservirt und kondensirt. Mit dem Fett geht es ebenso. Bei den Schinken und Zungen ist große Vorsicht wegen der Trichinen zu empfehlen, die in dem Lande der Unkräuter und Ungeziefer recht häufig zu treffen sind. Uebrigens ziehen die reichen Leute, welche das Geld nicht zu achten brauchen, westfälischen Schinken vor und überlassen den Genuß der einheimischen Waare, die viel weniger gut mundet, den unteren Klassen.

Für den amerikanischen und europäischen Handel, namentlich für verschiedene deutsche Häuser in Hamburg und Bremen, war die Grenzsperre gewiß ein schwerer, wenn auch ein verdienter Schlag. Uebrigens scheint das Geschäft noch immer recht flott zu gehen. In einer Zeitung in St. Louis las ich, daß die Händler massenhaft Schinken, Speck u. dgl. nach der Schweiz und Italien einführen, von wo diese Artikel unter nichtamerikanischer

Firma und mit falschen Ursprungszeugnissen nach den gesperrten Nachbarländern importirt werden. Für die Richtigkeit der Mittheilung übernehme ich keine Garantie, doch erscheint dieselbe leicht glaublich. Die Schweiz wimmelt ja auch von biederen Republikanern und angesteckten Einwanderern, welche die weiten Gewissen durch die großen Profite maskiren. Immerhin gibt es in der Schweiz noch ehrliche Männer, welche mit Gefahr für ihre Existenz die Korruption bekämpfen und die Verwahrlosung der öffentlichen Zustände wie der wirthschaftlichen und sozialen Verhältnisse mit anerkennenswerther Aufopferung zu heben suchen.

Im Zusammenhang mit Deiner Frage wegen des deutschen Verbotes steht die andere Frage, was ich von den landwirthschaftlichen Zöllen halte. Auch hier muß ich gestehen, daß ich meine früheren Ansichten geändert habe. In Deutschland war ich ein Anhänger des Freihandels, weil nun einmal der Deutsche für alles eingenommen ist, was mit dem verführerischen Wörtchen Freiheit in irgend welcher Verbindung steht. Gewerbefreiheit, Freizügigkeit, Freihandel — alle diese Worte standen als Dogmen in meinem politischen Katechismus. Etwas wankend in meiner Glaubensfestigkeit wurde ich durch die Erfahrungen der siebziger Jahre, wo die Schacher-, Wucher-, Aktien- und Börsenfreiheit ihre Hekatomben forderte. Je mehr ich mich in die Nothwendigkeit eines gesetzlichen Eingriffes in die Ausbeuterfreiheit versetzen zu müssen glaubte, um so gleichgiltiger wurde ich gegen die Lehre von der „Handelsfreiheit". Als ich nach Amerika kam, wurde mir schon in New-York der Rest meines Wahnes von der Glückseligkeit des Freihandelssystems gründlich ausgetrieben. Die industriellen Arbeiter in Amerika sind entschiedene Anhänger der Schutzzollpolitik, weßhalb sie bei den Wahlen lieber mit den „Republikanern" als den sogenannten Demokraten gehen, die dem Freihandel zuneigen. Die deutschen Sozialdemokraten in Amerika rütteln gleichfalls nicht an dem Schutzollsystem. Sie haben dafür die Formel: „Ob Schutzoll oder Freihandel zu wählen, das ist unberührt vom politischen Prinzip zu entscheiden; der Entscheid, was besser ist, hängt einzig und allein von der Zweckmäßigkeit ab; das ist keine politische, sondern eine technische Frage; wenn die Industrie stockt, hungert die Arbeit".

Als ich diese Formel zum erstenmal aus dem Munde eines Redakteurs der sozialdemokratischen New-Yorker Volkszeitung vernahm, fragte ich ihn etwas verdutzt, warum er das nicht in Deutschland gesagt habe. Darauf gab er mir unumwunden zu verstehen, daß er das damals nicht besser verstanden habe; übrigens fügte er hinzu, daß die sozialdemokratischen Abgeordneten im deutschen Reichstage sich wohl besinnen würden, gegen das Interesse der industriellen Arbeiter, gegen die Schutzzölle, zu stimmen, wenn die Entscheidung von ihrem Ja abhängen würde. Was konnte ich gegen eine solche Argumentation einwenden? Ich zog meine politische Weisheit hinter meine Stirnhaut zurück und fing nachzudenken an. Dann frug ich den und jenen Kameraden um seine Meinung. Die Unterhaltung kam auch auf die landwirthschaftlichen Zölle. Warum — so kalkulirte ich — sollte für die Landwirthschaft nicht dasselbe Recht gelten wie für die Industrie? Die Hauptsache ist doch, daß das eigene Volk und in erster Linie die Landwirthschaft, auf welcher der ganze Staat gründet, zu leben vermag. Sind die Zölle nicht zu hoch, so spürt der Konsument nichts oder nicht viel; den Schaden hat lediglich die Spekulation. Wegen der landwirthschaftlichen

Zölle in Deutschland ist das Getreide, Mehl, Fleisch ꝛc. in Amerika um keinen Cent billiger geworden. Sind die Lebensmittelpreise in Deutschland im Verhältniß zu dem Erlös der Produzenten zu hoch, so trifft die Schuld die Spekulation und den Zwischenhandel. Ist die Landwirthschaft und der einheimische Markt, der ihr doch von Rechts wegen gehören sollte, ganz und gar der Willkür der internationalen Spekulation verfallen, dann wird mit der Landwirthschaft die Industrie, die zunächst auch auf den einheimischen Markt angewiesen ist und in der Landwirthschaft das Gros der Konsumenten hat, die Schwindsucht und Auszehrung bekommen. Gleichwohl machte ich jenem Redakteur versuchsweise den Einwurf: Angenommen, die Lebensbedürfnisse vertheuern sich in Folge der Zölle, so muß lediglich der Arbeiter die Zeche an seiner Haut herunter schinden lassen. Was erhielt ich zur Antwort? — „Als alter Lassalleaner solltest Du wissen, daß sich der Lohn nach dem Preise der Lebensmittel und der vorhandenen Menge an Arbeitskräften richtet. In Amerika sinken die Löhne, weil die Konkurrenz an Arbeitskräften zu groß ist, aber sie sind noch nicht so tief gesunken, daß die Arbeiter nicht mehr die Kraft hätten, sich mühselig zu erhalten und fortzupflanzen. Die Löhne in Amerika sind im Durchschnitt noch höher als in Europa; sie halten Schritt mit den jeweiligen Preisen der Lebensbedürfnisse und die Bedürfnisse sind wegen des Klimas in Amerika größer als irgendwo."

Was willst Du gegen diesen Bescheid einwenden? Ich für meinen Theil bin für den Schutzoll, solange derselbe nothwendig ist. Wenn die Industrie denselben nicht mehr bedarf, um die Konkurrenz mit dem Auslande zu bestehen, so mag man einen Ersatz für den Ausfall an den Zolleinnahmen der Staatskasse suchen, ein Versuch freilich, an dem sowohl die französische Revolution wie das deutsche Manchesterthum und die amerikanische Demokratie gescheitert sind.

IV.

New-York, den 1. April 1883.

Meine Aufgabe, Dir meine Ansicht über die landwirthschaftlichen Zölle zu erörtern, habe ich im letzten Briefe nicht zu Ende gebracht. Ich muß Dir noch Aufschluß geben über die Ursachen der schlimmen Lage zahlloser Farmer in Amerika. Für mich besteht kein Zweifel, daß die deutsche Zollgesetzgebung daran unschuldig ist. Vor Allem trägt an der Armuth und dem Elend die Ueberproduktion Schuld. Es ist zu viel Land auf einmal in Anbau genommen worden. Dazu tritt die maßlose Ausbeutung und Bedrückung durch die Eisenbahnen und die Spekulation der Kapitalistencliquen. Auch die Mittellosigkeit und Ungeschicklichkeit trägt vieles zum Farmerelend bei. Nicht minder die an den Kolonisten verübten Betrügereien der Landverkäufer. Manchmal eignet sich der Boden nicht zur Kultivation. Endlich vernichtet nicht selten höhere Gewalt durch elementare Ereignisse, Insekten, Pilze ꝛc. die Hoffnungen und Mühen der Ansiedler. Zudem habe ich den Raubbau zu erwähnen. So lange noch immer neues Land unter den Pflug genommen werden kann, wird der Gesammtertrag der Ernten noch öfter über den Bedarf des eigenen Landes gehen. Aber die Aussaugung der Felder und die Abholzung der Wälder gehen ihren Gang, die anbaufähigen Ländereien werden nach und nach besetzt, es schwindet die Möglichkeit, sich einen neuen besseren Platz zur Fortsetzung des alten Raubbaues auszusuchen, wie es in den siebziger Jahren geschehen ist, wo zahlreiche Farmer aus dem Osten nach dem Westen gezogen sind, ihr altes Heim um jeden Preis verkauft oder ohne Weiteres den Gläubigern überlassen haben. In meiner Nähe befindet sich ein alter Farmer, der früher in Virginien war, wo der Boden auf weiten Strecken so gründlich ausgesogen ist, daß der Humus nur mehr die Dicke eines Kartenblattes hat. Mit der Ausdehnung der Latifundienwirthschaft wird das Uebel immer schlimmer, und mit der Ausdehnung der Weidewirthschaft, die sich aus jener naturgemäß ergibt, wird das Land seinen Rückschritt zur sozialen Verwilderung im doppelt beschleunigten Tempo antreten.

In Deutschland gehört freilich auch das ganze Land dem Großkapital oder den Banken. Die Bauern sind Schuld- und Zinsknechte geworden. Aber das Erwachen der Regierung, welche den Niedergang des Bauernstandes sieht und demselben offenbar begegnen will, das Erwachen des Bauernstandes und der Protest der produzirenden Stände gebieten den Banken und deren Affiliirten, einige Vor- und Nachsicht. In Amerika ist keine Regierung da, welche sich der bedrängten Farmer annimmt. Diese selbst liegen in dem großen Lande zu weit auseinander, sie stehen sich noch zum Theil zu ferne, obschon das Gefühl gemeinsamen Interesses und gemeinsamer Abwehr unter den Farmern des Westens dem Bunde der „Grangers" immer mehr Anhänger zuführt. Das Großkapital in Amerika braucht sich mit einem Worte in Amerika weniger zu geniren, weil ihm der Handel, die Industrie, die Presse, die Verkehrsmittel, die Regierung und Justiz unterthan sind. Darum nimmt jetzt, da der gute Boden allenthalben in Privatbesitz übergegangen ist, die wirthschaftliche und soziale Bewegung mit sichtlicher Eile die Theilung in die große Mehrheit der Bettelarmen und die kleine Minderheit der Steinreichen vor. Aus dieser Beobachtung ist das in Amerika viel genannte Werk des Kaliforniers Henry George „Fortschritt und Armuth" hervorgegangen, von dem auch eine deutsche Uebersetzung erschienen ist.

Die landwirthschaftlichen Zölle in Deutschland sind ein augenblicklicher Nothbehelf gegen die amerikanische und russische Konkurrenz. Diese Zölle brauchen auch weiter nichts zu sein. Denn bei dem herrschenden Raubbau werden weder die amerikanischen noch die russischen Bäume in den Himmel wachsen. Einsichtige Nationalökonomen sprechen die nämliche Meinung in amerikanischen Blättern aus. Die Prahlhanserei der Yankees übertrumpft aber alle Warnungen. Nichtsdestoweniger wird die deutsche Landwirthschaft auch ohne die Steigerung der ausländischen Konkurrenz zu Grunde gehen, wenn der augenblickliche Nothbehelf als ein Universalheilmittel betrachtet werden wollte. Ich habe viel mit deutschen Farmern über die Lage im Vaterlande gesprochen, aber alle stimmen darin überein, daß die Gesetzgebung sich zu sehr nach den Bedürfnissen des Handels zugeschnitten hat und die Landwirthschaft nach kaufmännischen Regeln behandelt. Die Kredit- und Schuldenwirthschaft mag für den Handel passen, für die Landwirthschaft ist sie der Tod. Wenn da nicht energisch eingeschritten wird, dann muß die deutsche Bauernschaft an ihrer Zukunft verzweifeln. Die starke Auswanderung gibt einen Begriff, wie weit die Unzufriedenheit mit den bestehenden Zuständen bereits um sich gegriffen hat. In Frankreich ist es nicht besser bestellt, aber die französische Nation ist an Zahl und Thatkraft geringer als die deutsche geworden. Die massenhafte Auswanderung aus Deutschland zeigt ja anderseits für den Lebens- und Wagensmuth, der im Volke selbst unter dem härtesten Drucke der Sorgen und Mühen aufrecht blieb. Unter- oder niedergehende Völker verharren in dumpfer Resignation und brütender Ergebung vor dem Moloch.

Lächerlich ist es, wenn deutsche Zeitungen eine Ursache der angeblichen Ueberlegenheit der amerikanischen Landwirthschaft in der Anwendung vorzüglicher Werkzeuge und Maschinen finden und daraus Veranlassung nehmen, den deutschen Landwirthen Mangel an Verstand und Verständniß für den Fortschritt der Technik an die Köpfe zu werfen. Diese Vorwürfe beweisen wiederum die Unkenntniß der hiesigen Verhältnisse. Zahllose Farmer müssen sich mit geringeren Hilfsmitteln, als die deutschen Bauern behelfen. Die Großgrundbesitzer, welche Getreidebau betreiben, wenden hüben wie drüben in ausgedehntester Weise Maschinen an. Und was die Bauern betrifft, so wüßte ich keinen Staat in der Union, der in Bezug auf die verallgemeinerte Anwendung der Maschinen in der Landwirthschaft Bayern überträfe. Von der Viehzucht und Milchwirthschaft wollen wir gar nicht reden. Dazu gehört eine Erfahrung, Uebung und Züchtung, die als spezielles Erbtheil und als spezielle Aufgabe durch manche Generation vermittelt wird. Um Allgäuer Vieh, Emmenthaler Käse und bayerische Gebirgsbutter zu erzeugen, dazu gehören Land und Leute. Man kann wohl die Leute nach Amerika verpflanzen, auch die Rassenthiere, aber die andere Luft, das schlechtere Klima, die veränderte Nahrung werden bewirken, daß die Rasse die alten, angeborenen und anerzogenen, von Klima und Futter bedingten Eigenschaften verliert. Wir haben wohl in Amerika Gebirge und Alpenweiden, aber das Gras ist nicht dasselbe fette, schmackhafte, wohlriechende und nährende Futter, wie in den bayerischen und schweizerischen Bergen. Dem entspricht die Qualität der Milch und Butter. Besser wird es kaum, da durch die rasend fortschreitende Abholzung den besseren Weiden durch Trockenheit, Versandung und Ueberschwemmung 2c. der größte Eintrag gethan wird. Im Vortheil waren die amerikanischen Landwirthe durch die handlichen Werkzeuge und Geräthe. Allein dieselben fanden bereits in Deutschland überall Eingang und mehrere Farmer sagten mir, daß die aus Deutschland mitgebrachten und dort verfertigten „amerikanischen" Beile, Hacken, Gabeln 2c. nicht blos viel billiger, sondern auch besser und haltbarer seien, als die ächten amerikanischen Fabrikate.

Ueberblicke und vergleiche ich alles, so drängt sich mir die Ueberzeugung auf, daß der Farmer hier und der Bauer dort zu Grunde gehen muß, denn die Kapitalstyrannei und die Schuldenwirthschaft, vor der auch die schönen Heimstättegesetze nicht schützen, bringen überall die Landwirthschaft um, und ich glaube, daß sich dieser Zersetzungsprozeß in Amerika noch rascher vollzieht, als in Deutschland. In Oesterreich und Rußland hat er sehr große Fortschritte gemacht, daher die Ausbreitung der Unzufriedenheit und die Neigung zur Gewaltthätigkeit in beiden Reichen. Der Volksbankerott ist dort im Anzuge, nicht blos der Staatsbankerott. Amerika zahlt zwar Schulden auf Schulden, aber der Wohlstand der Massen nimmt in entsprechender Progression ab. Amerika hat die größten Millionäre, doch die Armuth greift in großartigen

Dimensionen um sich. Die Pracht der Marmorpaläste in den Städten des Ostens kann darüber nicht hinwegtäuschen. In Deutschland spricht man in der Regel nur von den einzelnen, die durch glückliche Umstände und eigene Thätigkeit in Amerika reich geworden sind. Auch in Europa gibt es genug Emporkömmlinge. Wie viele Einwanderer aber gehen zu Grunde oder fristen unter endlosen Drangsalen und Plagen ein Dasein voll Noth, Kummer, Jammer und Verzweiflung?! Wenn hier in einem Staate Hungers- oder Wassernoth, Orkane oder Seuchen Tausende und Zehntausende sang- und klanglos zur Erde betten oder den Becher des Elends bis auf die Neige leeren heißen, dann wird das in den Zeitungen meist mit einer unser deutsches Gemüth aufs tiefste beleidigenden Kälte und Gleichgiltigkeit behandelt. In der „Kölnischen Zeitung" lese ich schwere Klagen über die hochobrigkeitliche Lässigkeit gegenüber den Bewohnern des Eifellandes. In Amerika verhungern jährlich so viel Leute als die ganze Eifel Bewohner hat, ohne daß ein Hahn nach den Unglücklichen kräht. Nur wenn es gilt, für amerikanischen Dünkel und nervöse Ruhmessucht Reklame zu machen, namentlich dem Auslande gegenüber, dann wird in den Zeitungen die große Trommel gerührt. Leider sind die Deutschen in Amerika von der nämlichen Sucht befallen. Die herrschende Mittelmäßigkeit macht Reklame und Spektakel, auf andere Weise kann sie nicht gut von ihrer Trefflichkeit reden machen. Amerika hat nicht die Natur, um außergewöhnlich große Geister zu erzeugen; es wird weder in der Kunst noch in der Literatur Genies zu gebären vermögen, deren Namen die Geschichte für alle Zeiten mit goldenen Buchstaben einschreibt.

V.

New-Orleans, den 8. April 1883.

Von Soldaten und Weibern soll ich Dir erzählen? Verzeihe mir, wenn ich in diesem Punkte Deine Sentimentalität nicht theile. Ich bin gegenüber den sogenannten Volksmeinungen ein großer Zweifler geworden. Was glaubt man in Deutschland nicht Alles von Amerika? Millionen wiegen sich dort noch in dem Traume von märchenhaften Nibelungenschätzen, die in den Rinnen der Flüsse, den Falten der Berge und den Decken der Prairien geborgen sein sollen. „In Amerika ist es schöner und besser." Wie oft hörte ich in der alten Heimat diese Ansicht wiederholen! Und doch kann es — im Allgemeinen und für's Allgemeine gefaßt — nichts geben, was unwahrer ist. Aehnlich ist es mit dem Militär. Amerika soll reicher und glücklicher sein, weil es so wenig stehende Truppen hat! Ich habe die ganze Union kreuz und quer durchzogen, aber das Glück, welches großer Besitz und guter Arbeitsertrag gibt, habe ich nirgends in üppiger Menge unter den arbeitenden Klassen blühen sehen. Auch das ist eine Einbildung, daß das amerikanische Militär nur wenig koste. Rechnen wir die Ausgaben für Landheer, Flotte, Festungen, Militär- und Kriegspensionen zusammen, so kommen wir auf eine Summe, welche dem deutschen Militäretat völlig ebenbürtig gegenüber steht. Mit den Zinsen der Staatsschuld, die noch immer an 400 Millionen Mark per Jahr betragen, steht Amerika in Bezug auf Militär- und Kriegskosten unmittelbar neben

Frankreich. Wenn irgendwo, so dürfen in Amerika die Zinsen der Staatsschuld zu den Militärausgaben geschlagen werden. Denn die Schuld wurde im Kriege und für den Krieg kontrahirt. Was das Land an jährlichen Ausgaben für eine größere Armee und Flotte etwa erspart — im Verhältniß zu dem deutschen Budget sind die Ersparnisse nicht groß —, das wird in einem Kriege zehn- und hundertfach aufgebraucht. Und an Kriegen wird es der Republik nicht fehlen. Die Friedensmission derselben ist lediglich eine schöne Phrase. Indem die Republik der Welt den Frieden predigt, bereitet sie in ihrem eigenen Hause mörderische Kriege vor. Vor Allem einen Krieg zwischen dem Osten und Westen, dessen Lebensinteressen durch die Blutsaugerkompagnieen des Ostens aufs Tiefste verletzt werden. Dann weitere Kriege und blutige Revolutionen, welche das unterjochte und zusehends schwerer bedrückte Proletariat hervorrufen wird. Der Krieg aller gegen alle wird in der Republik an Stelle der äußeren Kriege treten.

Du schreibst mir, daß die große Armee Deutschlands jede kräftige Regung des Volkswillens darniederhalte, daß bei euch von einer Revolution auch dann keine Rede sein könne, wenn das formelle Recht hinter dem Drange der Bedürfnisse weit zurückbleibe und ein gewaltsamer Bruch im Interesse der nationalen Selbsterhaltung geboten erschiene. Was nicht gar?! Wäre die deutsche Armee eine zusammengeschachtelte Masse von geworbenen Söldnern, so möchte Deine Ansicht richtiger sein. Aber eure Armee besteht aus den Söhnen des Volkes, auf welche sich die Ueberzeugung der Väter von der Unhaltbarkeit bestehender Zustände überträgt. Ist diese Ueberzeugung einmal in alle Volksschichten eingedrungen, so wird die Armee keine

Ausnahme machen. Die Führer derselben aber sind bereits durch die Eindrücke, welche sie bei den Ausloosungen und Musterungen von der körperlichen und geistigen Tüchtigkeit der Mannschaften erhielten, zu den warnenden Veröffentlichungen über den Rückgang der nationalen Wehrkraft, also auch der nationalen Arbeitskraft, die doch der Hauptfaktor des Nationalvermögens ist, veranlaßt worden. Indem die deutsche Armeeleitung für die Erhaltung der Wehrkraft sich engagirt, wird sie konsequenter Weise die sozialen Bestrebungen, welche gegen die Verkümmerung, Verarmung und Verfabrizirung des Volkes für die Einführung eines Arbeitsrechtes und Arbeiterschutzes gerichtet sind, unterstützen müssen. Die kaiserlichen Botschaften sind gewiß auch zum Theil das Resultat der Vorstellungen Seitens erfahrener und einsichtiger Generäle.

Die deutsche Armee ist gegenwärtig sogar ein sozialer und wirthschaftlicher Regulator. Auf diesen Gedanken haben mich einige Kollegen in der Fabrik gebracht, welche mir mittheilten, daß die Vagabundennoth in Deutschland gegen die furchtbare Plage und Lage unzähliger „Tramps" (arbeitsloser Leute) in den Vereinigten Staaten wenig zu bedeuten habe, daß aber in Deutschland das Uebel nahezu ebenso groß wäre, wenn die 400,000 Soldaten aus den Kasernen entlassen und die große Armee der arbeitslosen Proletarier vermehren würden. Die Arbeiter erhielten von den Ersparnissen am Militäretat doch nichts. Oder ist das Gros der Arbeiter in den Vereinigten Staaten und in der Schweiz besser bestellt und behandelt als in Deutschland? Oder ist hier der Mittelstand zahlreicher und wohlhabender? Keine Rede davon! Oder wird Besseres in Literatur und Schule, Kunst und Wissenschaft, Industrie und Technik, Handwerk und Landwirthschaft, Justiz und

Administration, in öffentlichen Werken und privaten Stif=
tungen geleistet? Und wo ist noch der schönere und ge=
sündere Menschenschlag, wo mehr Kraft und Geist, wo
eine bessere äußere Haltung und innerliche Bildung als in
Deutschland? Wer nie aus dem engen Gesichtskreise seines
Wiegenlandes herausgetreten und unter anderen Völkern
geschafft und gewirkt hat, wer nicht das Brod der Arbeit
in der Fremde gegessen, der bleibt in der Regel ein kurz=
sichtiger Beurtheiler und gläubiger Nachtreter fremder
Meinungen.

Schon mein Aufenthalt in Frankreich hat mir den
Geschmack an der deutschen Gewohnheitsnergelei bedeutend
gestutzt. In Frankreich fällt es keiner Partei, auch der
radikalen Arbeiterpartei, nicht ein, fortwährend an der
Armee herumzukratzen und zu batzen. Der französische
Arbeiter hat ein ganz bestimmtes Gefühl für die Armee,
deren Ruhm die nationale Größe begründete. Die fran=
zösischen Arbeiter wissen und sagen es auch, daß der Auf=
schwung und der Ruf ihrer Industrie ganz genau mit
dem Aufschwung und dem Ruf ihrer Armee zusammen=
hing. Deutschlands Industrie und Kunsthandwerk führt
sich jetzt überall in allen Erdtheilen ein, weil der politische
Name des Reiches an Ansehen zunimmt. Als Spanien
Weltreich ward, bürgerte sich überall die spanische Mode
ein. Als Frankreich mit aller Macht entscheidend in die
europäischen Verhältnisse eingriff, wurde Paris das Eldo=
rado für alle Musterreiter. Englands Siege über Frank=
reich und die Begründung seiner maritimen Suprematie
waren die beste Empfehlung für seine Manufakturen und
Massenartikel. Die deutsche und italienische Industrie
gingen zurück, als die politische und militärische Stellung
des deutschen Reiches und der welschen Handelsrepubliken

nieder= und unterging. Auf ihre Armee laſſen darum die
Franzoſen nichts kommen, denn in ihr liegt die Hoffnung
auf eine Wiedererwerbung ihrer früheren induſtriellen und
kommerziellen Ueberlegenheit. Freilich las ich in einer
„Frankf. Ztg.", die Du mir ſandteſt, daß die kriegeriſchen
Eigenſchaften der Spanier der ſchönen Kultur der Araber
den Todesſtoß verſetzten. Ich glaube das nicht. Denn dann
hätte die ſpaniſche Nation ſpäterhin nicht ſo große Dichter,
Schriftſteller, Gelehrte und Künſtler hervorgebracht Viel=
mehr bin ich der Anſicht, daß die Hyperkultur der Araber
den Boden erſchöpft hat und daß es Jahrhunderte langer
Anſtrengungen bedarf, bis das nationale Territorium
wieder ganz und voll die Kulturaufgabe eines gut ange=
legten Volkes erfüllen zu helfen vermag. Gleichwohl lebte
auch in der Neuzeit der Gedanke der ſpaniſchen Welt=
herrſchaft in kräftiger Geſtalt fort und zwar in dem
Jeſuitenorden, der nur ein Produkt des weitausblickenden
und hochſtrebenden Geiſtes jener ſtreitbaren Ritter war,
welche die Herrſchaft des Semitismus und Muhamedanis=
mus in Spanien vernichteten, mit dem Ruhme ihrer
kriegeriſchen Tugenden ganz Europa erfüllten, die unbe=
kannten Meere nach allen Richtungen durchfurchten und
neue Welten eroberten. Das alles drängte ſich in einem
kurzen Zeitraum zuſammen. So viel auf einmal war ſelbſt
für die ſtärkſte Nation zu viel. Der Rückſchlag blieb beim
Volke nicht aus, er war eine naturgemäße Reaktion des
überhitzten Eifers und der überanſtrengten Kraft. Nur
einzelne, ganz beſonders hervorragende Männer ſuchten die
große Idee der katholiſchen Weltherrſchaft, die mit der
ſpaniſchen identiſch war, in anderer Form lebendig zu er=
halten und thatkräftig fortzupflanzen: das waren die
Gründer der „Compagnie Jeſu", und man kann nicht

sagen, daß ihr Versuch mißlungen wäre. Fürst Bismarck hat gegen dieselben den Kampf gewagt, doch merkwürdiger und glücklicher Weise hat er sich sonst vor dem spanischen Fehler der Ueberstürzung in politischen Dingen und kriegerischen Unternehmungen zu hüten gewußt. Von vielen wird ihm das als Schwäche ausgelegt, ich halte es für seine stärkste Seite, daß er zur Zeit zu handeln, zur Zeit aber auch zu warten versteht. Erfolg und Kriegsruhm haben ihn nicht zu der überseeischen Abenteuerei der Spanier, noch zu der tollkühnen Rücksichtslosigkeit Napoleons I. zu verleiten vermocht. Die Verführung lag nahe.

So viel von den Soldaten. Die Weiber kommen ein andermal an die Reihe.

VI.

New-Orleans, den 15. April 1883.

Wenn Du mein Urtheil über die Amerikaner zu hart befunden, so wundert mich das von Dir nicht, da Du eben Land und Leute nicht von Angesicht zu Angesicht kennen lerntest. Deine Meinung war zwar immer nicht die beste und ich bereue es, Deine wenig gute Meinung nicht geglaubt zu haben, denn sie war noch viel zu gut. „Mord, Diebstahl und Betrug, alles ist nur Lug und Trug" — so darf das zukünftige amerikanische Nationallied beginnen. Beispiele sind mit Händen zu greifen. Die Beamten betrachten ihre Stellen nur als gute Gelegenheit zum Fixen. Die Beamten der Stadt New=Orleans leisten hierin Erkleckliches, doch sind sie nicht die schlimmsten. Im vorigen Winter haben sie mehr als eine Million Dollars in ihre Taschen geleitet, so daß die Gasgesellschaft für die Straßenbeleuchtung nicht bezahlt werden konnte. Die Gesellschaft wollte gleichwohl noch das Gas fortgeben, wenn nur der seit drei Monaten rückständige Lohn der Laternenanzünder bezahlt würde. Als diesem Verlangen nicht stattgegeben werden konnte, weil eben die Kassen geplündert waren, strikte die Gasfabrik und New=Orleans mußte einige Tage im Finstern wandeln. Ein Theil der Polizei strikte mit, weil sie ebenfalls ihren Sold nicht erhalten konnte.

Die Beamten im Vereinigten=Staaten=Haus dahier erklären es Jedermann gegenüber laut und offen, daß der Staat Louisiana bankerott sei, daß alles Fordern und Klagen gegen denselben nichts fruchte. Und wie in Louisiana ist es fast allenthalben. Im Wald drüben haben sich die Ansiedler verabredet, keine Steuern mehr zu bezahlen und den Exekutoren mit dem Hinterlader heimzuleuchten. Wenn ein neuer Ankömmling, ein sogenannter „Grüner" oder „Gelbschnabel", so unvorsichtig sein und das wegen Steuerverweigerung zur Vergantung ausgeschriebene Land kaufen sollte, so kann er sich darauf gefaßt machen, bei dem Versuche, sein ersteigertes Gut in Besitz zu nehmen, mit blauen Bohnen empfangen zu werden. Als kürzlich ein solch angeschmierter Kolonist im Vereinigten=Staaten=Haus Hilfe suchte, wurde ihm der Bescheid: er solle halt auch hinschießen, die Union könne ihn nicht schützen, da müsse sich Jeder selbst helfen. Das Geld des armen Teufels ist verloren, die Beamten haben es eingesteckt und lachen ihn aus. Die Polizei hütet sich wohl, den Gepreßten zu ihrem Recht zu verhelfen. Mit den verschworenen Farmern ist nicht gut Kirschen essen. Die Polizei sieht, daß es blutiger

Ernst ist, und da hat sie einen heiligen Respekt. Der neue Zuwachs an Ansiedlern besteht aus gediegenen Leuten, aber verwegene Kerls sind es alle, die Umstände machen sie dazu. Die Herren in New-Orleans sollen nur ihre vielfachen Millionäre und die privilegirten Diebe besteuern — wir wollen und können nichts bezahlen.

Was die deutschen Zeitungen von der Trefflichkeit der amerikanischen Heimstättegesetze schreiben, zeugt von der Unkenntniß der betreffenden Professoren, Reiseschriftsteller und Literaten. Wo die vereinigte Macht der Beamten, Landspekulanten und Geldmänner noch stark genug ist, um dem Exekutor sein „Recht" zu verschaffen, da steht es mit der Seßhaftigkeit der Landwirthe schlimm genug. Der Besitz einer Heimstätte schützt keineswegs vor dem Zwangsverkauf, wenn es sich um rückständige Steuern und eingeklagte Hypotheken handelt. Die Idee, welche ursprünglich den Heimstättegesetzen zu Grunde lag, war allerdings recht schön. Man wollte einen seßhaften, soliden Bauernstand schaffen, der, in seinem Besitz gesichert, Anhänglichkeit an die Scholle und Liebe zum Lande gewänne. Aber hierzulande wird die beste Idee, wenn sie hundertmal in Gesetzen niedergelegt ist, durch den Egoismus der herrschenden Cliquen und die Willkür der Beamten zu nichte gemacht. Das ist doch keine gesicherte Heimstätte, wenn das Gut für rückständige Kaufschillingsreste und unerschwingliche Steuern vergantet werden darf? Auch kann man das Gut unter gewissen Voraussetzungen mit Hypotheken belasten, welche gleichfalls die Heimstätte nicht respektiren. Es gäbe nichts Thörichteres, wenn man in Deutschland diese amerikanischen Gesetze blindlings nachahmen wollte. Damit würde nichts verbessert. Die kultivirten Heimstätten sollen nur bis zu einer gewissen Höhe der Schätzung verschuldet und niemals vergantet, sondern nur sequestrirt werden dürfen. Ich habe mich darüber viel mit verständigen Farmern, welche die Verhältnisse in Deutschland und Amerika kennen, unterhalten und bin dadurch zu dieser Anschauung gebracht worden. Etwas muß in Deutschland in Bezug auf die Agrargesetzgebung geschehen, weil ja sonst der zuverlässigste und beständigste Theil der Bevölkerung zu Grunde ginge, was am letzten eine monarchische Regierung wollen kann.

Die norddeutschen Farmer, die ich in Louisiana und anderen Staaten kennen lernte, sind der Meinung, daß in Preußen, Mecklenburg, Hannover 2c. eine Anzahl von Großgrundbesitzern sei, die besser vom Staate gegen angemessene Entschädigung expropriirt würden, da sie von ihrem Einkommen keinen guten Gebrauch machen, ihre Pflichten gegenüber dem Arbeitspersonal und dem Volke verkennen und ein zur Parzellirung und Vertheilung an zahlreiche Kleingüter geeignetes Territorium haben. Es gäbe aber auch große Güter, die wegen ihres schlechten Bodens nicht getrennt werden sollten. Außerdem müßten große Güter als Musterwirthschaften bestehen. Die Wälder sollten geschont und wo immer möglich in den unveräußerlichen Besitz von Gemeinden, bäuerlichen Genossenschaften oder des Staates übergehen. Mit den Weiden sollte es ähnlich gehalten werden. Da wo Viehzucht im ausgedehnten Maße betrieben wird, sollten die Landwirthe zu Weide- und Zuchtgenossenschaften vereinigt werden; nur dann sei es möglich, einen Theil der großen Güter zu parzelliren. In anderen Gegenden, wo andere Betriebsarten vorherrschen, sollte man analog die Landwirthe in Kultur-, Maschinen-, Milchwirthschafts- 2c. Genossenschaften vereinigen. Deutschland könnte alsdann noch viele Millionen mehr ernähren.

So reden die Farmer aus Norddeutschland, während die aus Süddeutschland eingewanderten Bauern über die Höhe der Gemeindesteuern und die unleidliche Schulden=wirthschaft als Ursache des Ruins klagen. Einzelne schimpfen auch über die Militärlasten, doch finden andere und gerade solche, die selbst Militärdienste gethan haben, daß ihnen das keinen Schaden gebracht habe. Die Bauern, die in Deutschland bei der Armee waren, gehören in Amerika zu den tüchtigsten Farmern. Mit ihrer Energie, Thatkraft und Ehrlichkeit wird die amerikanische Korruption noch ganz bedeutend zu rechnen haben. Sie sind die nach=haltigsten Gegner der großen Ringe der Plutokratie, die nicht blos die Eisenbahntarife machen und den Getreide=handel in Händen haben, sondern auch den Großbetrieb in der Landwirthschaft immer mehr nach manchesterlich=selbstsüchtigen Grundsätzen ausdehnen. Momentan auf kürzere Zeit brauchen diese Herren zur Ernte viele Leute, aber dann werden dieselben in Masse entlassen und ver=mehren die enorme Zahl der Arbeitslosen. Der Lohn ist gut, aber derselbe reicht nicht über die lange Zeit des Verdienstmangels. Das Latifundienwesen hat unter den Römern Italien ruinirt, es ist der große Krebsschaden in anderen Ländern und trägt auch zum Ruin Amerikas bei. Die Ausdehnung des Großgrundbesitzes ist die größte soziale Gefahr. Der kleine Grundbesitz hat freilich auch seine Mängel und Nachtheile, aber er beschäftigt unter gleichen natürlichen Bedingungen konstant viele und jeden=falls viel mehr Hände, als der Großbetrieb bei dem Stande der Technik und der Möglichkeit ausgedehnter Arbeitstheilung zu beschäftigen vermag. In der Volks=wirthschaft kommt es nach meiner Ansicht mehr darauf an, daß viel Volk durch die Arbeit gleichmäßig und menschenwürdig erhalten wird, als darauf, wie viel Arbeit und Gewinn im Interesse Einzelner durch möglichst wenige Hände erzielt wird. Im nächsten Briefe will ich Deine Anfrage wegen des Schulwesens beantworten.

VII.

New-Orleans, den 22. April 1883.

Noch bin ich Dir vom letztenmal her die Antwort auf Deine Anfrage wegen des Schulwesens schuldig. Auch hier ist das meiste nur Schein, nicht Sein. Wenn zahlreiche Zeitungen in Deutschland die Segnungen des amerikanischen Schulwesens preisen und die großen Ausgaben für dasselbe in Gegensatz zu den „unproduktiven" Ausgaben für das Militär stellen, dann muß ich jetzt, nachdem ich an Ort und Stelle die Sache kennen gelernt, über die Naivität Eurer Politiker lachen. Ich bin kein Freund des Militarismus, aber wäge ich die Ausgaben für das deutsche Heerwesen und das amerikanische Schulwesen ab, dann bin ich zu dem Geständniß gezwungen, daß das viele Geld in Deutschland nicht umsonst ausgegeben wird; man weiß dort, wo das Geld hinkommt, wie es angewendet wird, daß es seinem Zwecke dient. Aber die viel größeren Summen, welche in Amerika angeblich für das Schulwesen verbraucht werden, wandern zum großen Theil in die Taschen der Beamten, das heißt, es wird massenhaft seinem Zwecke durch Diebstahl und trügerische Machenschaften entfremdet. Nehmen wir an: für eine runde Summe von vielleicht hundert Millionen Dollars wird die Leistung einer bestimmten civilisatorischen und kulturellen Aufgabe erwartet. Dann darf mit Sicherheit gesagt werden, daß hierin das deutsche Militär Größeres und Besseres leistet als das amerikanische Schulwesen.

Schreit da die Renommistenbande in die Welt hinaus, welche horrende Opfer hier für die Schule gebracht werden. Dieweilen wird der Unterrichtsetat wie der Indianeretat als gute Prise betrachtet. Weil dann der Rest nirgends mehr hinlangen will, werden lauter junge, unreife Mädchen als Lehrerinnen angestellt. Das geschieht wegen der Billigkeit. Den leichtgläubigen Philosophen im deutschen Vaterlande schickt man aber wohlgesetzte Broschüren, welche die Fortschritte der Frauenemanzipation in der glorreichen Republik ins hellste Licht stellen. Die Heuchler verschweigen jedoch, daß sie die Lehrerinnen hauptsächlich deßhalb den Lehrern vorziehen, weil die armen weiblichen Wesen bei minderen Bedürfnissen mehr Geduld haben und länger auf den vorenthaltenen Sold warten, als die Männer es thun würden. Es kommt häufig vor, daß die Lehrerinnen oft ein halbes Jahr lang keinen Cent bekommen.

In den großen Städten im Osten gibt es allerdings bessere Schulen, doch sind darunter sehr viele Privatschulen, welche nur von den Kindern besser situirter Eltern besucht werden. Die Konfessionsschulen, namentlich die katholischen, werden da und dort von Kennern gelobt, doch kostet der Besuch nicht wenig. Im Ganzen charakterisirt sich die amerikanische Schule von unten bis hoch oben hinauf als Schnellbleiche, die Hohlköpfe erzieht. Die äußerliche Papageibildung und reale Finesse erstickt die Bildung des Gemüthes, jeden höheren Ideenaufschwung. Die Schule bildet nicht für das menschliche Leben, sondern blos für das materielle Geschäft. Und hier ist auch das religiöse und kirchliche Bekenntniß mehr oder minder Geschäft. Die Republik ist wirklich, wie Moritz Hartmann schon vor Jahrzehnten fluchte, die Heimstätte der Ideen- und Ideallosigkeit. Die Schule arbeitet als Versimpelungsanstalt Hand in Hand mit einer Presse, die nur das Geschäft und sonst nichts als das Geschäft kennt. Man macht in Deutschland vielfach dem Liberalismus den Vorwurf des Manchesterthums. Ich möchte ihm diesen Vorwurf gerne erlassen bei Schätzung der Mühe, welche er sich für die Einführung des Schulzwanges gegeben. Abgesehen von der besseren Qualität der Schulen muß Deutschland schon deßwegen den Amerikanern in industrieller Beziehung voraus eilen, weil das Gros seiner Arbeiter eine ordentliche elementare Bildung hat. Aber nicht blos in industrieller, sondern sogar in politischer Beziehung. Die deutschen Arbeiter werden die geringen politischen Rechte, welche ihnen die Verfassung an die Hand gibt, eher zu ihrem Nutzen auszubeuten wissen, als die amerikanischen Arbeiter das Schock von Menschen- und Bürgerrechten, die ihnen durch die Gesetze garantirt sind. Ob Monarchie oder Republik — das macht es nicht aus. In einer Monarchie mit allgemeiner Volksbewaffnung wird der Regent ein Anwalt des arbeitenden Volkes sein müssen, wenn er überhaupt Regent sein will; denn dieses liefert die Steuern und Soldaten. In der Bourgeoisrepublik mit dem Präsidenten oder Großherzog an der Spitze, in Amerika oder England, fehlt ein solcher Anwalt oder Mittler, die hochtrabende Freiheitsphrase ist der Moschus des Volksgeistes.

„Freiheit, die ich meine!" In den Yankeestaaten, wo die puritanische Frömmigkeit von allen Firmenschildern trieft, wird ein Wirth eingesperrt, der am Sonntag ein

Glas Bier verzapft. Den Sonntagszwang haben die Edlen. Der Schulzwang ist ihnen verhaßt. Nur in New=York steht derselbe auf dem Papier. Aber auch dort gibt es zahllose Analphabeten, die zwar im Staate geboren und aufgewachsen sind, aber trotzdem keine Schule besucht haben. Wollten alle Kinder die Schule besuchen, so würden die vorhandenen Gebäude nicht entfernt ausreichen. Darum ist es nicht zu verwundern, wenn selbst in dem „ersten Staate" der Union die Unwissenheit und Brutalität eine merkbare Eigenthümlichkeit des eingeborenen Volkes sind.

Neben der „Freiheit" spielt die „Gleichheit" eine Hauptrolle. Die „Gleichheit alles dessen, was Menschenantlitz trägt", ist durch die Verfassung garantirt. Natürlich: Was steht nicht alles Schönes, Liebes und Gutes in der magna charta der Vereinigten Staaten?! Für jene „Gleichheit" haben die Herren Republikaner sogar vier Jahre lang einen Vernichtungskrieg gegen die Sklavenbesitzer im Süden geführt, um den Schwarzen zu ihren Menschenrechten zu verhelfen. Wie edel! Fatal ist nur, daß die Matadoren der republikanischen Partei kein so blendendes Aushängeschild haben, wenn einmal die Farmer im Westen, die Partei der Grangers, soweit erstarkt und organisirt sind, daß sie der unerhörten Tyrannei der Eisenbahnkönige und Spekulantenringe einmüthig mit den Waffen in der Hand gegenüber treten. Der Gegensatz der wirthschaftlichen Interessen zwischen dem getreideproduzirenden, auf den Export angewiesenen Westen und dem durch unmäßige Schutzzölle aufgeblähten industriellen Osten wird wohl noch zum Bruch führen. Der Osten betrachtet den Westen nur als Ausbeutungsterrain, ebenso wie er seiner Zeit den Süden als solches betrachten wollte. In

diesen wirthschaftlichen, bei der herrschenden Korruption
schwer zu vereinbarenden Gegensätzen liegt auch die Erklärung
für die Parteiunterschiede. Die republikanische Partei hat
ihren Haupthalt in den östlichen Industriestaaten; die dem
Uebermaß der Schutzzölle abgeneigte, keineswegs ganz frei=
händlerische demokratische Partei rekrutirt sich zumeist aus
Staaten, welche die Bodenproduktion als vorherrschenden
Erwerbszweig betreiben.

Bleibt mir also mit dem republikanischen Eifer für
die „Gleichheit" vom Halse! Die Revolution von 1789
hatte dieselbe Devise und entzog den Arbeitern das Recht
der Coalition. Die Gleichheit in Amerika dokumentirt
sich dadurch, daß die schwarzen Kinder ihre eigenen Schulen
haben müssen, weil sie neben den weißen nicht geduldet
werden. Die Schwarzen müssen auch ihre eigenen Kirchen
haben, trotzdem die Yankees Tag und Nacht heilig die
Augen verdrehen und das Evangelium des Nazareners auf
der Zunge tragen, der doch allen Völkern ohne Unterschied
in gleicher Weise das Heil verkündet wissen wollte und
die Kleinen ohne Unterschied des Standes und der Farbe
zu sich kommen ließ. Schreien in Europa zahllose „Gleich=
heitslümmel" herum, daß die Amerikaner die Aufhebung
jeden Klassenunterschiedes bis auf die Eisenbahnwägen
durchgeführt hätten, in denen es nur eine Klasse gebe.
Und doch bestehen in That und Wahrheit drei Klassen,
wovon die eine für den „Mann aus dem Volke" gar nicht
erreichbar ist, so theuer ist sie. Den schwarzen Bürger
vollends wirft man sammt seinem Fahrbillet zum Wagen
hinaus. Dieser Gleichheitsakt wird gar nicht selten prak=
tizirt, ohne daß der Neger eine Veranlassung durch rohes
Benehmen dazu gab. Ueberhaupt sind der Klassenunter=
schied und die Titelsucht in Amerika viel mehr als in

unserer deutschen Heimat zu Hause. Der Geldadel sondert sich vom Volke ab, das er verachtet und bedrückt, soviel er kann. Kein Funken von Noblesse, wie sie zum Theil noch im alten deutschen Adel steckt, ist diesen Sippen von Emporkömmlingen eigen. Für mich gibt es nichts Hassenswertheres als diese Gesellschaft, die nur ein Ideal hat: Die Milliarde.

VIII.

New-Orleans, den 29. April 1883.

Apropos Militär will ich dir heute eine gewiß interessante Mittheilung machen. Kürzlich traf ich mit einem ehemaligen preußischen Offizier zusammen, der in Texas der Viehzüchterei obliegt. Warum derselbe seinen Dienst quittirte, das konnte ich von ihm nicht erfahren, ist mir auch einerlei. Doch sagte mir mein Wirth später, der Mann sei viel „werth", das heißt, er besitze ein bedeutendes Vermögen, sei ein großer Spekulant in Fleischwaaren und komme öfters nach New-Orleans. Meine mechanischen und sonstigen praktischen Kenntnisse mutheten den deutschen Landsmann nicht übel an, so daß er sogar eine Anfrage an mich richtete, ob ich nicht Lust hätte, mit ihm nach Texas zu gehen und dort für ihn eine Branntweinbrennerei einzurichten und zu leiten. Wäre ich hier nicht durch die Hoffnung auf einen anständigen Erlös aus meinem Gute gefesselt, eine Hoffnung, die nicht ungerechtfertigt ist und

mir die Rückkehr in die Heimat sammt Eroberung eines
kleinen Nothpfennigs in Aussicht stellt, dann würde ich das
Anerbieten kaum ausgeschlagen haben. In der Noth frißt
der Teufel auch Gelegenheitsfliegen.

Item, unser preußischer Offizier, seiner Haltung, dem
Benehmen und der Rede nach zu schließen, ein sehr ge=
bildeter Junker, unterhielt sich mit mir unter Anderem
auch über die Dinge in der alten Heimat und das deutsche
Kriegswesen. Er sei 1864, 66 und 70 dabei gewesen.
Anno 66 sei die preußische Armee auf der höchsten Höhe
ihres Ruhmes gestanden. Aber es sei tolles Zeug, den
„Schulmeister von Sadowa" als einzige Erklärung für
den großartigen Siegeszug zu preisen. Eine Haupturfache
der Tüchtigkeit des Heeres sei in der großen Menge junger,
gescheidter, strebender und vorragender Offiziere, Compagnie=,
Bataillons= und Regimentschefs gelegen. Bei der heutigen
Gefechtsweise liege die Entscheidung zu einem sehr wesent=
lichen Theile an der guten, schneidigen, umsichtigen
und selbständigen Führerschaft der Compagnien, Batterien,
Schwadronen. Einige alte und noch agile Generäle könnte
man sich gefallen lassen, aber zu viele alte, marode, halb=
invalide Gamaschenknöpfe in den verschiedenen Führerstellen
seien ein Uebel. An diesen sei die Armee des alten Fritz
bei Jena und Auerstädt trotz des vorzüglichen Truppen=
materials schmählich unterlegen. Im Jahre 70 habe das
deutsche Heer im allgemeinen noch den Charakter der 66er
Armee gezeigt. Doch seitdem sei sie in Bezug auf die
Qualität des Offizierskorps etwas zurückgegangen. Wenn
der Lieutenant graue Haare und der Premier Moos auf
der Glatze bekomme, bis er zur nächsten Charge avancire,
dann müsse der ächte militärische Geist Schaden nehmen.
Das überlange Warten mache die Leute alt, mürrisch, un=

zufrieden, gleichgiltig, verstockt und verrostet. Die Freude,
der Eifer, das Streben, Besseres und das Beste zu leisten,
müsse sinken. Die gescheidten, jungen Leute werden abge-
schreckt, sich dem Militärdienste zu widmen, die militärische
Intelligenz trete den Krebsgang an. Der Pensionsetat
solle freilich nicht zu stark belastet werden. Doch profitire
man bei dieser Sparmethode nichts, weil die Chancen in
einem allfälligen Kriege sich verringern. Der Adel und
die Geistlichkeit waren nur so lange die herrschenden
Stände, als sie die Intelligenz repräsentirten. Das Handwerk ging zurück, als die Intelligenz aus ihm schwand
und altes Formelwesen überwucherte. Die Jesuiten und
die Freimaurer gingen in ihrer früheren Bedeutung zurück,
als die Intelligenz sich auch in anderen Berufsarten und
Gesellschaftsklassen verbreitete. Die Bourgeoisie büßte in
ihrer dominirenden Stellung ein, als sich ein Theil der
Intelligenz mit den Arbeitern verband. Das moderne
Kriegswesen erfordere und absorbire Intelligenzen in Menge,
und wer das nicht beachte, der werde einmal eine schlimme
Rechnung machen. Die gute Beschaffenheit der englischen
Marine ruhe vornehmlich in dem System, daß die meisten
Offiziere mit Erreichung des 45. Lebensjahres aus dem
aktiven Dienst ausgeschieden werden. Nur ganz ausnahms-
weise tüchtige Männer werden zum weiteren Avancement
beibehalten. Dieses System erhält die Marine stets frisch,
und sichert einen guten Zugang, da Aussicht auf rasche
Beförderung vorhanden, und im schlimmsten Fall für die
Pensionirung eine Altersgrenze gezogen sei, welche noch die
Ergreifung anderer Pläne und Berufe nicht ausschließe,
wozu die bisherige Zugehörigkeit zu einem durch seine Intelligenz hervorragenden Corps als beste Empfehlung diene.
In Deutschland werde es jetzt schon gewesenen Offizieren

immer schwieriger, eine halbwegs ordentliche Civilanstellung zu erlangen, weil der Respekt vor der hohen geistigen Repräsentanz der Armee in der Abnahme begriffen sei. Daher komme auch der wachsende Erfolg jener unbescheidenen Parlamentarier, welche ohne tieferes Verständniß für die Bedürfnisse einer Armee immer an derselben herum zupfen und zipfeln.

Im Laufe des Gespräches kamen wir auch auf die zweijährige Dienstzeit. Unser Preuße meinte, die meisten Soldaten dienen ohnehin nicht viel mehr als zwei Jahre. An der jetzigen Einrichtung dürfe nicht so schnell gerüttelt werden, namentlich in einer Zeit nicht, wo das Vaterland noch immer vom Auslande schwer bedroht werde. Die zweijährige Dienstzeit werde eher zum Gesetz erhoben werden können, wenn einmal der unausbleibliche Kampf mit den Franzosen oder Russen, oder mit beiden zugleich, vorüber sein werde. Aber selbst dann sei sie kaum thunlich ohne die Beseitigung des Einjährig-Freiwilligen-Instituts, das er als ein Privilegium der besitzenden Klasse charakterisirte, welches die halbe Bildung, den hohlen Dünkel, die abgeschmackte Mittelmäßigkeit oder das geistige Proletariat fördere. Eine weitere Abkürzung der Dienstzeit sei nur für einen Theil der Truppen möglich. Das Gros derselben müsse länger bleiben, weil die Disziplin, das Exerzitium, der militärische Takt und Geist angewöhnt werden müssen. Die Qualität des Handwerks habe sich ungeheuer vermindert, seitdem die systematische Angewöhnung der Disziplin und Hantirung, des Arbeits- und Berufsgeistes verschwunden sei. Die amerikanischen Milizen hätten mehrere Jahre Uebung im Kriege bedurft, um endlich ein wirklich militärisches Aus- und Ansehen zu bekommen. Und was seien sie heute? Paradespielerei, elendes Zeug.

Die deutsche Armee sei ein civilisatorisches Element. Man müsse nur auf dem Lande herumgehen und man werde bei vorurtheilsloser Beobachtung alsbald den guten Einfluß militärischer Schulung und Ordnung würdigen lernen. Die beim Militär herrschende Rauheit sei nicht Roheit. Rohe Gesellen gebe es übrigens allenthalben, und beim deutschen Militär habe sich der Umgangston seit Jahren ganz bedeutend gebessert. In Frankreich gehe man mit der Mannschaft ganz anders um, und doch höre man dort nicht das fortwährende Klagen gegen die Offiziere und Unteroffiziere. Und welche Behandlung ließen erst die schweizerischen Instruktoren den Rekruten zu Theil werden! So etwas wäre in Deutschland nur ganz selten. Auch sei es nicht am Platze, die Armee zu beschuldigen, daß sie die jungen Leute verderbe. Die Jugend habe noch nirgends „Tugend" gehabt. Und was die Verschlechterung des gewerblichen Geschickes 2c. durch das Militär betreffe, so dürfte man nicht außer Acht lassen, daß es heutzutage sehr viele Leute gäbe, die sich als dies und das ausgeben, die aber ihre Profession oder ihren Beruf überhaupt nie recht geliebt oder nie recht erlernt hätten, so daß sie nicht viel zu vergessen hätten. Hingegen hätten beim Militär schon manche ihre mechanische Fertigkeit und ihr übriges Wissen ganz namhaft erweitert, sie seien durch das Militär bessere und brauchbarere Männer geworden.

Noch sprachen wir über die großen Militärausgaben. Unser Offizier meinte, die für das Heer verwendeten Millionen werden ja der Cirkulation nicht entzogen, sie wanderten vielmehr in die Taschen vieler kleinen Leute zurück, statt auf den einen großen Haufen des Großkapitals und der Banken. Diese saugen das Volk aus, ohne ihm wieder etwas Erkleckliches zukommen zu lassen. Ohne die Armee hätten wir überhaupt keine Volkswirthschaft mehr, sondern nur mehr Privatwirthschaft und was für eine! Die Armee beschäftige eine Menge von Industrien, schaffe sogar neue dazu. Und was verdanke ihr nur die Landwirthschaft durch Hebung der Pferdezucht! Was das Verkehrswesen, was die Schule, die Gymnastik und was selbst die Wissenschaften! Ohne die Armee sei das deutsche Reich null und nichtig. Die Armee sei eine Gewähr gegen halbasiatische Barbarei und französischen Hochmuth.

Dies im Allgemeinen der Inhalt dessen, was mir der Offizier sagte. Ich finde es interessant genug, um es dir mitzutheilen. Vielleicht findest auch du einen guten Kern darin.

IX.

New=Orleans, den 6. Mai 1883.

Heute Morgens in aller Frühe stand ich am Hafen, um mich nach einer Farmerfamilie umzusehen, welche in der Nachbarschaft meiner Heimstätte sich niederlassen will. Unter den gelandeten Passagieren, die sich dort herumtrieben, bemerkte ich drei Mädchen, ihrem ganzen Aussehen und Wesen nach deutsche Auswanderer. Das Interesse, mit dem mein Blick auf ihnen ruhte, schien denselben Vertrauen zu mir einzuflößen, und sie fragten mich, ob ich deutsch verstehe. Als ich dies bejahte mit dem Beifügen, sie müßten ja dem Dialekt nach zu schließen Landsleute sein, erzählten sie mir, daß sie aus Stuttgart oder in dessen Nähe zu Hause

und auf verschiedene Vorspiegelungen hin nach Amerika ge=
wandert seien. Hier in New=Orleans habe sie ein von
ihrer Ankunft benachrichtigter Agent in Empfang genommen,
aber die Warnungen eines mitreisenden Herrn hätten sie
vorsichtig gemacht. Der Agent eröffnete ihnen, daß hier
augenblicklich für sie keine passenden Stellungen zu finden
seien, aber er wüßte für sie recht gute Plätze in New=Me=
xiko, wohin er sie auf seine Kosten befördern lassen wolle.
Sie baten um Bedenkzeit, er wollte sie nicht mehr ziehen
lassen oder ihnen einen Begleiter beigeben, doch sie er=
wehrten sich der Zudringlichkeit und gingen darauf in ein
Bureau mit englischer und deutscher Aufschrift, wo ihnen
nur ein vertröstender Bescheid geworden sei, obschon jede
einen Dollar hätte hinlegen müssen. Nun ständen sie rath=
los da und wüßten nicht, wo aus und wo an; sie bäten
wenigstens um einen guten Rath.

Was thun? Ich erklärte ihnen rundweg, daß sie
dem Rufe nach New=Mexiko keine Folge leisten sollten.
Man wollte sie blos in die Goldgräberregionen verführen,
wo sie allerdings Geld und Gold erhaschen könnten, doch
fragt mich nur nicht, wie?! Die ganze Geschichte war
nur eine Episode aus dem Roman eines Menschenfleisch=
händlers, jener Sorte von abscheulichen Individuen, die
mittelst Annoncen in den Zeitungen und durch gewissen=
lose Agenten zahlreiche deutsche Mädchen dem sittlichen
Ruin entgegenführen. Die drei Schwäbinnen, runde, kräftige
und hübsche Kinder, konnten dem Himmel danken, daß sie
besseren Rath gefunden. Ich sagte ihnen gleich, wer ich
sei, daß ich ihnen zu Diensten stehe, und gab ihnen auch
die nöthigen Weisungen, wohin sie ihr Gepäck verbringen
und wo sie sich ihren geringen Geldmitteln entsprechend
einquartiren könnten. Darauf ging ich zu meinem Wirth,

der ein Deutscher ist und gerne deutsche Mädchen einstellt, falls sie sich zu allen Hausarbeiten bequemen wollen; eine könne er sofort einstellen, eine zweite nach etlichen Wochen, für die dritte werde sich wohl anderswo ein ordentliches Plätzchen finden.

Mit diesem Bescheid ging ich in's Quartier der Mädchen. Da ich mir jedoch denken konnte, daß sie von ihren Illusionen, die man ihnen eingeredet, noch nicht ganz kurirt seien, so setzte ich ihnen von vorneherein auseinander, daß sie nicht annehmen dürften, in Amerika thäten die Männer alles, während die Frauen ein Herrenleben führten. Hier heiße es arbeiten und nicht müßig warten, bis vielleicht etwas Besseres in Sicht komme. Sitten, Sprache, Küche, Einrichtungen und Ansprüche seien andere. Um dies alles kennen zu lernen und zu können, dazu bedürfe es mehr oder minder langer Zeit. Hier seien zahlreiche Herrschaften, welche ihr Dienstpersonal gut bezahlen, aber es falle ihnen nicht ein, sich mit „Grünen", mit „frisch angekommener Waare", abzugeben. Die Mädchen, denen Land und Leute unbekannt seien, müßten also von unten anfangen, alle Anforderungen ihrer Herrschaften willig, mit Fleiß, Ausdauer, Pünktlichkeit und Raschheit erledigen, dabei sich Mühe geben, um zuerst englisch, dann französisch plaudern zu lernen u. s. w. Die reichen Leute in ganz Amerika und vornehmlich in New-Orleans hielten darauf, daß ihre besseren Angestellten auch französisch verstehen, das gehöre zum feinen Ton. Wer die drei Sprachen verstehe, könnte als Dienstbote in Amerika leicht ankommen und manches Stück Geld erübrigen, freilich müßte er dabei noch andere Dinge verstehen, so namentlich Kochen, Nähen u. s. w. Bei entsprechenden Fortschritten in Sprache und Benehmen stehe auch die Möglichkeit offen, zu Gesellschaftsdamen und Wirthschaftsführerinen in vornehmen Familien zu avanciren. Allein besser sei es, sich mit derartigen Gedanken nicht allzusehr abzuplagen, und vorerst nur an solche Unterkunft zu denken, welche über die gröbsten Existenzsorgen hinweghelfe. Uebrigens würde in Amerika die grobe, körperliche Kraft erfordernde Arbeit vielfach besser honorirt als die sogenannte feinere Arbeit.

Zum Beweise dessen gestattete ich mir, den Mädchen ein Beispiel in meiner eigenen Person zu geben. Ich vermöchte auch die Stelle eines Beamten im privaten oder öffentlichen Dienst zu versehen, ich könnte jetzt sogar eine solche Stelle erhalten, aber sie trüge bei langer Arbeitszeit, bei geringer Aussicht auf besseren Gehalt und vermehrten Ansprüchen an Kleidung, Wohnung, Kost und Repräsentation nicht mehr als meine jetzige Stellung als Arbeiter. Eines der Mädchen meinte allerdings naiv, sie hätte mich für etwas ganz anderes als für einen Arbeiter gehalten, die Hände allerdings verriethen etwas die Beschäftigung, allein ich müßte doch wohl ein „höherer" Arbeiter sein. Eitel wie der Mensch nun einmal ist, gab ich dazu meine Zustimmung, erklärte aber zugleich dem Mädchen, wie sehr ich mich bei dieser Hitze und in dieser Atmosphäre plagen und sparen müßte, um per Woche fünf Dollars zu erübrigen und dadurch meine Farm halten zu können. Zudem könnte ich von Glück reden, einen solchen Platz inne zu haben, der mir auch gestattete, von Zeit zu Zeit und sogar auf längere Dauer meinen landwirthschaftlichen Obliegenheiten nachzukommen. Die Mädchen hörten meine Erzählungen andächtig an, die ich für nothwendig hielt, um alle Grillen und Luftschlösser in den jungen Köpfen zu zerstören. Ich kam auch im Vorbeigehen auf die Heiratsaussichten, mit denen sich ja die allermeisten Einwanderer vom

schönen Geschlecht tragen, und warnte meine Schutzbefohle=
nen, den an sie herantretenden Verlockungen Gehör zu
schenken. Farmer seien meist übel daran. Die Land=
arbeiter verdienen nur periodisch zur Zeit der Feldbestellung
und der Ernte großen Lohn, sonst sei ihre Lage oft recht
schlimm. Die industriellen Arbeiter und besonders die
Bauhandwerker hätten wohl ihre Vereine, die auf erträg=
liche Arbeitszeit — meist zehn Stunden ununterbrochener
strenger Beschäftigung — und auf ausreichenden Lohn
hielten, aber der massenhafte Andrang von arbeitslosen und
hungernden Individuen mache den Vereinen häufig einen
Strich durch die Rechnung, die Löhne seien vielfach auf
ein Minimum herabgesunken und die Hoffnung auf Besse=
rung bestehe vorderhand keineswegs. Die Geschäftsleute
hängen wohl glänzende Firmen aus und machen in Markt=
schreierei, aber ein großer Theil lebe von der Hand in den
Mund oder vom Schwindel. Die Beamten seien nicht
anders bestellt. Wer keinen Posten habe, der einen ein=
träglichen Diebstahl oder eine sonstige derartige Einnahms=
quelle eröffne, müsse sich in der Regel mit einem Gehalt
begnügen, der für eine Familie nicht oder nur schwer
ausreiche. Was seien auch 600, was 1000 und, wenn
es hoch kommt, 1200 Dollars für einen verheirateten
Beamten, der sich seinem „Stand" entsprechend einrichten
und leben muß? In Stuttgart und München komme ein
Beamter, der 2000 Mark habe, weiter als hier einer mit
1000 Dollars. Darum Vorsicht in der Liebe, abgesehen
davon, daß die meisten „Annäherungen in ehrbarer Ab=
sicht" nur eine Maske für Betrug, gewohnheitsmäßigen
Wortbruch und viel Schlimmeres seien.

Nach diesen Vorbereitungen erklärten die Mädchen,
daß ihnen allerdings alles Schöne und Gute vorgegaukelt

worden sei, aber nun müßten sie in den Apfel beißen, der ihnen übrigens nicht so arg sauer vorkommen werde, da sie von Hause aus an strenge Arbeit gewöhnt seien. Um so besser! Alsdann bewog ich sie, derjenigen den ersten Dienst zu lassen, die am wenigsten Geld hätte. Die eine hatte noch 20 Dollars, die anderen beiden zusammen 56 Dollars. Nach meiner Berechnung reichte das aus, bis auch die zweite und dritte Stellung bekäme. Das eine Mädchen, das ich gleich zu meinem Wirth mitnahm, erbot sich in ihrer Gutmüthigkeit, ihren beiden Gefährtinnen die letzte Mark und sogar für den Anfang den Lohn abzutreten. Die gute deutsche Seele! Es wird indessen kaum nothwendig werden, da unser Wirth mir sagte, er werde wohl die beiden Anderen auch noch engagiren, falls sie der einen ähnlich seien und fest bei jeder Arbeit zugreifen wollten. Ich habe nicht geringe Freude am heutigen Erfolge. Diesen Sonntag zähle ich zu den schönsten meines Lebens, an dem ich drei offenbar brave Kinder vor dem sicheren Untergang bewahren half.

X.

New-Orleans, den 13. Mai 1883.

Mein Wirth ist mit der „Grünen", die ich ihm zugeführt, wohl zufrieden und versprach ihr, schon im nächsten Monat außer der ganzen Verpflegung 3 Dollars per Woche zu geben und bei weiterer entsprechender Aufführung bis auf 4 Dollars zu gehen. Auch hat er sich die zwei an-

deren Schwäbinen vorstellen lassen und auch ihnen hat
er zugesagt, sie der Reihe nach binnen einem Monat in
Dienst zu stellen. Soweit ist alles gut und die drei un=
besonnenen Mädchen können jetzt von Glück reden, daß sie
so rasch eine Unterkunft fanden. In der That danken sie
mir mit aufrichtigen Worten. Sie betrachten mich als
ihren Retter und Schutzengel und die erste theilte mir denn
auch mit, daß sie bereits einen „ernst gemeinten Antrag"
von einem Zimmerherrn erhalten habe, den Bewerber aber
abfahren ließ. Nun, andere Anfechtungen werden nicht
ausbleiben, zumal das Mädchen ein Gesicht wie Milch und
Blut hat. In Amerika gilt dies zwar nicht als „nobel".
Die Ladys halten auf einen bleichen Teint und der Zart=
heit desselben entspricht in der Regel auch die Schwächlich=
keit des Knochengerüstes. Gleichwohl fehlt es ihnen nicht
an schönen Formen, aber das sind sehr oft nur Formen
ohne Inhalt: Schein, nichts als Schein. Meist blos Kunst,
nichts Natur. Ausgewachsene Damen aus der guten Ge=
sellschaft, die ich in einigen Geschäften, wo ich angestellt
war, zu wägen hatte, bildeten sich nicht wenig ein, wenn
sie sammt der Kleidung das Schneidergewicht von 99 Pfund
überschritten. Kein Wunder, denn sie leben von Austern,
Gefrornem, Limonade, Thee, Südfrüchten; sie wissen wohl,
daß das Zeug nicht ordentlich nähren könne, aber um des
Teints und der Mode willen opfern sie die Gesundheit,
die Kraft und — ich darf es hinzufügen — den Beruf
des Weibes. Der Nachwuchs ist gering, die Frau will
oder kann keine Kinder gebären, das Ein= und Zweikinder=
system wird allenthalben Brauch, Präservativ= und Abortiv=
mittel sind ein gewöhnliches Hausmittel, eine deutsche
Mutter, die ein halbes Dutzend kräftiger Kinder zur Welt
bringt, gilt als ein „Menschenferkel". Der viel gepriesene

Sozialdemokratische Briefe. 4

Anstand und die gute Sitte, die in den amerikanischen Familien herrschen soll, reduzirt sich zumeist auf äußere Formen. Die Ehe wird unnatürlich, weil das Recht und die Pflicht der Natur verleugnet, unterdrückt, geschändet wird. Die Ehe wird zu einer bloßen Geschäftsverbindung. Die Frau wird Mann, es fehlt das innige Band und Gefühl des patriarchalischen Verhältnisses. Die „Achtung" tritt an Stelle der Liebe und Ergebenheit.

Der Amerikaner thut sich viel darauf zu gut, daß er die Frauen so überaus galant behandle. Das stimmt kaum zu dem herz= und gefühllosen Wesen des Yankee? Doch, es stimmt. Als nämlich die Weiber noch rar in Amerika waren, mußte sich die Männerwelt der größtmöglichen Rücksicht gegen die „Schönen" befleißigen. Der Yankee spielte aus kluger Berechnung den gehorsamen Diener und daraus entwickelte sich allmählich die landesübliche Behandlung der Damen. Ich habe nichts gegen die Höflichkeit einzuwenden, aber beim Amerikaner droht die Höflichkeit der Herren in die Herrlichkeit der Weiber auszuarten. Da die Erziehung der männlichen Sprossen meist nur darauf abzielt, möglichst bald recht viel Geld zusammenzuscharren, so finden die herangewachsenen Männer keine Zeit, um sich einen ordentlichen Bildungsfond beizulegen. Die Frau dagegen benützt ihre Muse, um sich mit allerlei Studien zu beschäftigen, von denen der Mann verdammt wenig versteht. Daher die Ueberlegenheit der Weiber. Kommen die Familien Abends im Sprechsalon zusammen, so führen die Weiber in allem und jedem das große Wort. Sie sprechen über Literatur und Politik, Kunst und Wissenschaft, halten sich für die Auserwählten der feinen Geschmacksrichtung, paradiren in den theuersten Kleidern, sprechen schlecht französisch und spielen ebenso schlecht Klavier=

Meine Fertigkeit in der Zither hat mir schon manche Einladung in den Salon eingetragen, ich habe mich auch den Ansprüchen der Sitte völlig angepaßt, man behandelt mich als Gentleman, ich betheilige mich auch mit der gehörigen Reserve an den eifrigen Gesprächen, aber ich gehe immer recht unbefriedigt hinweg: mit ganz verschwindenden Ausnahmen präsentiren die Frauen nur eine recht seichte, oberflächliche Bildung. Nichts destoweniger sind sie dadurch den Männern voraus und deßwegen abspiriren sie auch die Ausdehnung des politischen Stimmrechtes auf das weibliche Geschlecht. An weiblichen Beamten, Lehrern, Aerzten u. dgl. ist ohnehin kein Mangel. In einigen Staaten haben die Frauen wirklich schon ein ziemlich weitgehendes Stimmrecht erlangt, aber der Staat Kansas hat es rasch wieder abgeschafft.

So sieht es in den oberen Kreisen der Gesellschaft aus. In den niederen Kreisen bietet sich dagegen ein anderes Bild. Hier geht es oft genug recht roh her und die Roheit wird nur von der Noth, der Sorge oder Niedertracht überboten. Während in Deutschland die Frauenemanzipation sich hauptsächlich in der Richtung nach den Fabriken bewegt, um die Frauenarbeit zu beschränken und das Loos der armen Mütter und Wöchnerinen zu verbessern, bleibt in Amerika die Frauenemanzipation auf die „besseren Stände" beschränkt. In welcher Richtung sich hier dieselbe bewegt, habe ich gezeigt. Dagegen ist es der Mühe werth, zu konstatiren, daß in den Fabriken des Staates New-Yersey im Jahre 1850 noch keine Frauen und Kinder beschäftigt waren. Im Jahre 1860 war die Zahl der industriell beschäftigten Frauen erst 23. Mit dem Kriege kam die Korruption im Großen. Seit dieser Zeit haben sich die vordem recht leidlichen und sogar guten Verhältnisse in den Vereinigten Staaten rapid verschlechtert. General Grant, einer der größten Spitzbuben und Diebe aller Zeiten und Nationen, wurde der Typus der neuen Aera. Unter solchen Umständen verschlimmerten sich auch die wirthschaftlichen und sozialen Zustände zusehends. Schon 1870 stellten die Frauen in den Fabriken New-Jersey's 15 Prozent der beschäftigten Hände ohne die Kinder, die man ebenfalls einzustellen begann. Im Jahre 1880 stieg die Zahl solcher Frauen auf 21,5, die der Kinder auf 9,6 Prozent. Der Lohn des Gatten und Vaters reicht nicht mehr für die Familie aus, also gehen auch die Frauen und Kinder in die Fabrik und helfen durch ihre Konkurrenz den Lohn der Männer noch weiter herabdrücken.

Der Arbeitsstatistiker des Staates Massachusetts (Boston) berichtet, daß die dortigen Arbeiter in den Baumwollspinnereien im Vergleich zu ihrer Leistung keineswegs besser als die englischen, sondern schlechter bezahlt seien. Auch hier muß die Frau in der Fabrik vermorasten. Gesetzt selbst, der Lohn wäre um die Hälfte höher, als er wirklich ist, so stünden sich englische und amerikanische Spinner immer noch gleich. Das amerikanische Klima ist viel erschöpfender als das englische; es nützt um mehrere Jahre früher die Arbeitskraft ab, zumal wenn sie in derselben Zeit bedeutend mehr Waare liefern muß. Das amerikanische Klima erheischt kräftigere Kost, bessere Kleidung und Wohnung, wenigstens überall mit Ausnahme der südlichsten Staaten, aber in diesen bringt das Klima andere kostspielige Anforderungen des Magens und der Lebenshaltung mit sich. Das englische und europäische Klima ist durchgehends besser. Der Speisezettel, den die Arbeiter von Europa her gewohnt sind, würde nicht hinreichen, sie bei voller Kraft zu erhalten.

Eben lese ich auch, daß nach einer Statistik des Ackerbauministeriums die Löhne der ländlichen Arbeiter seit 1866 überall beträchtlich gesunken sind: in den Oststaaten von 33 Dollars per Monat auf 27, Kost und Logis nicht inbegriffen; in den Mittelstaaten von 30 auf 22, in den Südstaaten von 17 auf 15, in den Weststaaten von 29 auf 23 Dollars per Monat. Nicht zu vergessen ist, daß dieser Verdienst nicht durch das ganze Jahr geht, sondern sich bei der Ausbreitung der Großfarmerei und des Großbetriebes nur auf wenige Monate des Jahres erstreckt. Die Zahl der großen Farmen nimmt immer mehr zu, die der kleinen nimmt ab. In Kalifornien besitzen 200 Leute etwa 100 Millionen Acker Land. In Texas wurden acht Millionen Acker Schulländereien zu Spottpreisen an einige Großkapitalisten verschachert. Die Zahl der Vergantungen der kleinen und mittleren Farmen geht ins Aschgraue. Das noch übrige Heimstätteland im Westen ist meist schlechtes Land. Zudem will das „Farmen" gelernt sein. Gleichwohl hoffen Frauen und Mädchen, dort hinten im Westen ihr Glück und amerikanisches Wohlleben zu finden, schon weil eine Base vor vierzig oder dreißig Jahren gleichfalls im Westen ihren Mann oder ihr „Haus" gefunden. Daran denken sie nicht, daß der „Westen" sich seit jener Zeit gewaltig verschoben hat, und sich immer weiter rückwärts konzentrirt.

XI.

New-Orleans, den 20. Mai 1883.

Die Hitze ist arg, doch wenn ich die Werktage über arbeiten kann oder vielmehr arbeiten muß, dann vermag ich auch ein paar Stunden des Sonntags zu opfern, um mit Dir zu plaudern. Die rothen Striche, mit denen Du einige Inserate in den mir übersandten Zeitungen angezeichnet hast, sind für mich eine Aufforderung, Deine Wißbegierde in Bezug auf Manitoba zu befriedigen. Manitoba ist die nördliche Fortsetzung der Staaten Minnesota und Dakota, am Unterlaufe des Red River gelegen. Zieht man von der nordöstlichen und der nordwestlichen Spitze der Vereinigten Staaten eine Linie durch den Kontinent, so trifft deren Mitte auf Manitoba. Diese Provinz von Britisch-Nordamerika ist ungefähr so groß wie halb Bayern, ist aber meist Prairieland mit all seinen Fehlern. Humus ist freilich da, aber was nützt der beste Boden, wenn es an Holz und Steinen fehlt? In einem solchen Lande, wo die Kälte im Februar und März unter 30 Grad Reaumur fällt und nicht selten 35 Grad erreicht, muß man gute Häuser, Keller und Stallungen bauen. Im Süden genügt eine luftige Hütte und das Vieh läuft jahraus jahrein frei herum, aber da oben ist's fürchterlich, im Winter wie im Sommer. So kalt es im Winter ist, so heiß wird es im Sommer. Wenn bei euch das Thermometer auf 25 Grad Reaumur im Schatten steigt, dann jammert ihr schon über die ungewöhnliche Temperatur. Aber in Montana, Dakota, Minnesota und Wisconsin, also in den nordwestlichen Staaten, ebenso in dem angrenzenden Manitoba steigt das

Thermometer im Juni, Juli und August auf 30 Grad Reaumur im Schatten und darüber hinaus. Der Frühling ist unbekannt. Wenige Tage im April genügen, um den schroffsten Uebergang von eisiger Kälte zu verzehrender Hitze zu bewerkstelligen. Nun kann man sich eine Vorstellung von der Hetzarbeit des Landwirthes machen, der in kürzester Zeit die Bestellung der Felder bewirken soll. Der Herbst ist manchmal recht erträglich, aber vorherrschend trocken, und im Winter fällt in der Regel nicht genug Schnee, um eine schützende Decke für die Wintersaat zu bilden. Ueber die anderen Untugenden des Klimas will ich ein andermal berichten, wenn ich noch einige Witterungsbeobachtungen aus den nördlichen und nordwestlichen Staaten studirt haben werde.

Also, ich gestehe zu, daß der Boden da und dort humusreich ist. Das ist aber auch anderwärts in den Vereinigten Staaten der Fall. Die Prairieen im Stromgebiet des Missouri, Red River und Mississippi böten noch Millionen von Farmern das fruchtbarste Erdreich zur Kultur dar, mit dem Humus allein ist es jedoch nicht gethan. Dazu gehört Wasser und das ist dort wenig und schlecht, außerdem gehört dazu noch Holz zum Bauen und Feuern, und gerade daran fehlt es sehr häufig in den fruchtbaren Ebenen. Wo viel Wald gestanden und noch steht, wird er schonungslos abgetrieben. Wo wenig oder kein Wald ist, vertheuert die Entfernung und der Mangel an guten Verkehrswegen den Transport ins Unerschwingliche. Es werden wohl Eisenbahnen gebaut, aber das Land ist so groß, daß namentlich in den neuen Agrikulturstaaten das Bedürfniß nach dem modernen Verkehrsmittel nicht zu einem Zehntel befriedigt erscheint. Eine Entfernung von wenigen Stunden abseits ins Land hinein kann schon genügen, um dem Farmer die Verbringung seiner Ernte zum nächsten Markte recht beschwerlich zu machen. Ohne Steine kann man eben keinen Fahrweg für Lastwägen bahnen. In der Nähe großer Städte, die es in Manitoba und Dakota nicht gibt, ist es natürlich besser, weil sich der Farmer nicht auf die Massenproduktion von Getreide allein zu verlegen braucht und weil dort für die Bewältigung der Zufuhren ohnehin besser gesorgt ist. Doch gibt es in solcher Umgebung kein Regierungsland mehr und muß man das Land kaufen, dann kommt der Acker bis auf 80 Dollars zu stehen, ein Preis, um den ich in guter Lage in Bayern mehr Land erhalte. Ein Acker ist = 160 Quadratruthen, ein bayerisches Tagwerk = 400 Quadratruthen, ein preußischer Morgen ist um ein Drittel größer als ein Acker. Wenn ich in Bayern für 160 Quadratruthen 300 Mark, für ein Tagwerk also 750 Mark bezahle, dann steht mir schon sehr gutes Land in bester Lage zur Verfügung. Und was die Steuern betrifft, so sind dieselben in einzelnen Staaten und zahllosen Gemeinden der civilisirten Nordstaaten auf eine Höhe gestiegen, vor der sich der Bauer in den höchstbesteuerten Gemeinden Bayerns geradezu bekreuzen würde.

In Kalifornien gibt es noch 24 Millionen Acker Regierungsland. Das Klima dort ist zwar sehr trocken, aber durchschnittlich doch besser als in Dakota und Manitoba, doch was macht der Kolonist mit Gratisland, von dem sehr vieles nur Sandland ist? Und in Dakota hat es im Sommer bei Tag 30 Grad Reaumur, während es bei Nacht nicht selten Eis gibt. Dürren, Orkane, Heuschrecken, Ungeziefer und Unkraut sind in Dakota und den umliegenden Staaten etwas ganz Gewöhnliches. Gibt es eine gute oder eine schlechte Ernte, ist der Farmer der „Hirsch", das heißt der Sklave der Eisenbahnkönige und ihrer Cliquen. Er mag noch so trefflichen Boden haben, so gibt ihm der Eisenbahnkönig oder dessen Agent für die Frucht, was ihm beliebt. In der Regel erhält der Farmer 30—35 Cents, etwa 1.30—1.50 Mark für den Bushel Weizen. Ein Bushel ist der sechste Theil eines bayerischen Scheffels, ein alter bayerischer Metzen, oder um 3 Liter mehr als ein Drittel Hektoliter. In der Stadt verlangt der Monopolist 1 Dollar für den Bushel. Will der Farmer selbst in die Stadt, so muß er so viel Eisenbahnfracht bezahlen, daß ihm keine 30 Cents mehr bleiben, ungerechnet die Personentaxen, die oft bis 8 Cents (34 Pfennige) für die englische Meile (1600 Meter = eine kleine halbe Stunde) beträgt. Wer in der Nähe großer Städte wohnt, ist selbstverständlich im Absatz besser bestellt, aber bei der Theuerung des Bodens, der Höhe der Steuern ⁊c., darf er auch viel besser gestellt sein.

In Louisiana ist noch viel Prairieland, mit Wald und Busch versetzt, zu vertheilen. Die Zeitungen preisen es gelegentlich an. Aber es ist zu weit vom Markt entfernt, um dabei existiren zu können. Es ist von New-Orleans soweit entfernt, wie Hof von München und die Fahrt kostet für eine Person 35—40 Mark. Wäre dies nicht der Fall, so hätte ich mich dort niedergelassen, aber so vergeht einem die Lust. Die Gegend, in der ich jetzt mein Heim aufgeschlagen, ist in der Hauptsache Sandboden wie im Westen fast überall. Vom ersten Jahre ab muß gedüngt werden, der Boden hat zu wenig Phosphorgehalt. In den deutschen Zeitungen werden freilich Wunder von der Ertragsfähigkeit des amerikanischen Bodens erzählt, allein ohne Dünger kommt man beim besten Humus nicht lange aus. Wenn auch in einigen

Gegenden mehrere Jahre hindurch ohne Dünger Weizen gebaut wurde, so muß man nicht glauben, daß der Weizen aus dem dritten oder vierten Jahre an Güte und Menge dem Weizen des ersten Jahres gleich ist. Der Acker wird durch die gleichbleibende Kultur weizenmüde, schließlich trägt der beste Acker bei fortwährender gleicher Bepflanzung nur gehaltlose, unansehnliche, mit Unkraut üppig durchwucherte Frucht. Der Anbau des Weizens hat seine Grenzen, wie alles andere. Die Ueberproduktion läßt nach, sobald der Boden ausgebaut und unkultivirtes, zum Anbau geeignetes Land nicht mehr vorhanden ist. Das wirklich gute Land ist ja schon besetzt. Um zur Düngerwirthschaft übergehen zu können, muß die Voraussetzung des Gedeihens der bisherigen Wirthschaftsmethode aufgegeben werden. Der Raubbau muß aufhören, und an Stelle der Weidewirthschaft muß eben in den Getreidegegenden die Stallfütterung treten. In den dichtbevölkerten östlichen Industriestaaten hat sich diese Umwandlung zum Theil bereits vollzogen. In den westlich gelegenen Staaten wird es aber schwer halten, weil die Einnahmen und in Folge dessen die Mittel fehlen. Es ist kein Märchen, daß im Westen zahlreiche Farmer ihre Ernte verbrennen müssen, weil sie nichts dafür erhalten. Für das Getreide bekommt der Farmer nichts, will er Kohlen, so sind sie durch die Eisenbahn unbezahlbar geworden. Im Kohlenviertel verhungert der Bergarbeiter, im Getreideland erfriert der Bauer. Das ist amerikanische Signatur, aber ich bitte, dies wörtlich zu nehmen.

In den nördlichen und westlichen Getreidestaaten wird der Mangel an Holz immer fühlbarer. Bei uns in Louisiana gibt es noch Holz genug. Holz aber muß man in Amerika schon von allem Anfang an haben, weil jedes

Gut vollständig eingezäunt oder eingesenzt werden muß. Die Einfenzung ist die nothwendige Eigenthumsgemarkung, ohne die der Respekt vor dem Besitze des Andern aufhört. Auch braucht man die Einfenzung wegen des Viehes, weil dieses beim Verlassen des Gutes sonst als herrenlose Waare betrachtet würde. Das Holz wird nach meiner Ansicht auch in Louisiana nach mehreren Jahren an Werth gewinnen. Die nördlichen Staaten sind bald ausgeraubt. Man merkt dies bei uns an den sich mehrenden Holzdieben, welche Bäume für ihre Sägemühlen stehlen. Meine Nachbarn meinen gleich mir, daß man dem Holz nicht mehr nach alter Manier zu Leibe gehen dürfe, zumal die Grasbrände jährlich viele Bestände ruiniren. Uebrigens ist hier Regen und Sonnenschein halbwegs vernünftig vertheilt, aber schon im benachbarten Texas brennt die Sonne den Erdboden aus oder Regen und Wolkenbrüche überschwemmen ihn.

XII.

New-Orleans, den 27. Mai 1883.

In der vergangenen Woche hatte unser Chef, ein französischer Creole, eine religiöse Anwandlung, weßhalb er uns am Frohnleichnamstag nicht arbeiten und uns sogar einen Taglohn auszahlen ließ, wofür er natürlich in den Zeitungen angeräuchert wird. Ich benützte den Feiertag, um in die deutsche Pfarrkirche zu gehen, welche von Redemptoristen versehen wird. An Kirchen, Klöstern und

Missionsstationen ist in Amerika kein Mangel. Die „freie Kirche im freien Staat" gedeiht hier ungemein gut, doch ist die Tyrannei, welche namentlich einzelne Sekten in ihren Herrschaftsgebieten ausüben, manchmal eine recht unerträgliche. Die Ausdehnung des Katholizismus erregt die Bewunderung der deutschen ultramontanen Zeitungen. Doch scheint mir die Gleichgiltigkeit und der Abfall unter den Katholiken in Amerika größer als bei den anderen Kirchen und Sekten zu sein. Wenn alle Einwanderer, die katholisch getauft und erzogen sind, ihrer Kirche treu blieben, so würde diese bald die größte Macht in der Union vorstellen. So aber wechseln jährlich Zehntausende von Katholiken ihre Konfession, sie treten zu den Protestanten, Puritanern, Methodisten, Mormonen oder anderen Sekten über, je nachdem ihr wirthschaftliches Interesse oder ihre „Herzensneigung" oder eine Marotte sie bestimmt. Andere Zehn- und Hunderttausende kümmern sich überhaupt um nichts als um ihren Futterkorb. Wieder andere hüten sich offen, ihren Katholizismus zu bekennen, sie möchten gerne mitthun, aber nichts bezahlen. Die Kirchen und Kleriker mit ihren Häusern, Stiftungen, Schulen, Missionen u. s. w. kosten viel Geld und da es kein Kultusbudget gibt, so müssen das die Gläubigen selbst berappen. Eine große Einnahmsquelle für die Kirchen und Geistlichen bilden die Kirchenstühle, welche an den Meistbietenden versteigert werden. Unter den Geistlichen gibt es viele industrielle Köpfe, die „nebenbei" einträgliche Geschäfte als Agenten, Händler, Banquiers, Rathgeber ꝛc. betreiben. Die katholischen Orden breiten sich sehr stark aus, manche Klöster besitzen große Grundstücke und Fabriken und erwerben Vermögen und Reichthümer. Mit den Yankees wissen sie sich im allgemeinen noch gut zu stellen, gleichwohl ist die Möglichkeit nicht aus=

geschlossen, daß die besitzende Kirche allmälig zur streitenden Kirche sich ausgestaltet. Manche Klöster und katholische Missionsstationen machen ein gutes Geschäft mit der Herbeiziehung katholischer Ansiedler aus Deutschland und Oesterreich. Andere verlegen sich auf die Haltung von Pensionaten. Die Zahl der katholischen Schulen ist in den großen Städten bedeutend, doch sind sie nicht besser als die Staatsschulen. Die Schulbrüder und Lehrschwestern sind meistens Leute, die von der Last des Wissens nicht besonders beschwert sind. Doch leisten sie am Ende nicht weniger als die Lehrkräfte der Staatsschulen.

Von den Benediktinern, die ein P. Bonifaz Wimmer aus Bayern nach Amerika verpflanzt hat, hört man viel Rühmenswerthes bezüglich ihrer wissenschaftlichen Bemühungen, Forschungen und Sammlungen. Die barmherzigen Schwestern stehen in hoher Achtung. Die Aufopferung, welche diese Frauen in New=Orleans bei den großen Epidemieen an den Tag gelegt, imponirt sogar dem selbstsüchtigsten Yankee. Für mich, der ich die Orden mit nüchternen Augen beurtheile, bietet der Orden der barmherzigen Schwestern, obschon ich demselben Gott sei Dank nicht verpflichtet bin, einigen Trost; er ist für mich eine Art idealer Oase in der großen Wüste toller Habsucht. Freilich sind die Angehörigen des Ordens zumeist aus Europa, namentlich aus Deutschland. Von den übrigen Orden machen die Jesuiten als geschäftsgewandte Leute hie und da von sich reden. Doch sind sie nicht ohne schwere Anfechtungen. Obschon der Amerikaner sehr viel auf Religion und Kirche hält — im Grunde genommen ist bei ihm Religion und Moral streng geschieden, die Religion nur formaler Buchstabenglaube und augenverdrehendes Zungenbekenntniß —, so erregt die rasch heranwachsende Macht der katholischen Kirche dennoch seine Bedenken. Das hat indessen weniger auf sich, als die Ausbreitung der Freidenker. Freilich kommt die heftige Befehdung aller positiven Religionen wieder den Konfessionen indirekt zu Statten. Am gefährlichsten wird mit der Zeit den Kirchen überhaupt die große Anhäufung und Konzentrirung des Besitzes werden. In dem sozialen Kriege, der jetzt in seinen Anfängen steht und sich rascher als man glaubt, entwickeln wird, wird die Kirche — sowohl die Episkopal= wie die Methodisten= und katholische Kirche — schon durch ihre angehäuften Kapitalwerthe verhindert werden, die Gebote der christlichen Religion, welche große soziale Pflichten vorschreibt, zu erfüllen. Die Kapuziner und Franziskaner werden zwar niemals Seitens des Volkes die Antipathie erfahren, wie z. B. die Jesuiten. Dies erklärt sich einzig daraus, weil das geringe Besitzthum der Bettelorden weder Neid noch Mißgunst und Haß erweckt. Diese stehen dem Volke näher, während der wachsende große Besitz die Herzen der besitzlosen Menge ebenso erkalten macht, wie die Herzen der Eigenthümer, welche aus allzugroßer Anhänglichkeit an den irdischen Moloch ihre sozialen Aufgaben zu engherzig auffassen. Die Geschichte Frankreichs vor hundert Jahren und heute ist ein Beweis dafür.

Voriges Jahr bin ich zufällig mit einem Redemptoristen, der mit mir den Missisippi hinauffuhr, über das eben berührte Thema zur Sprache gekommen. Ich hielt mit meiner Meinung nicht hinter dem Busch und erklärte ihm auch, daß der Papst König von Italien sein könnte, und es nur deßwegen nicht sei, weil im Vatikan kein Verständniß für den sozialen Beruf der Kirche der Gegenwart existire. Der Klerus in Italien sei theils sehr ungebildet, theils ganz in dem Ideen= und Gesellschaftskreis der herrschenden Conti, Nobili und Bourgeois aufgewachsen. Dem

Volke werde von seinen Geistlichen der Respekt vor dem übertriebenen Eigenthumsbegriff des heiligen römischen Rechtes eingepaukt und damit habe es sein Bewenden. Der gegenwärtige Papst sei allerdings ein feiner Scholastiker und gediegener Theologiegelehrter, aber es wäre besser und für die Kirche wie für den Stuhl Petri heilsamer, wenn die jungen Kleriker angehalten würden, die sozialen Lehren des Evangeliums statt die dickleibigen Folianten der thomasischen Philosophie sich zu eigen zu machen. Die traurige wirthschaftliche Lage, die maßlose Bedrückung und Ausbeutung des italienischen Volkes durch seine Zwingherren in den Städten wären für einen verständigen Klerus ein mächtiger Hebel, um die Sympathien der arbeitenden Klassen zu gewinnen und an die Stelle des Königthums von Bourgeois Gnaden ein Papstkönigthum von Gottes Gnaden zu setzen. Der Redemptorist erwiderte lächelnd, ich meine es wohl nicht ernst, worauf ich ihm aufrichtig beichtete, daß ich gewiß an die Zukunft der weltlichen Macht des Papstes nicht glaube, daß aber die einzige Möglichkeit, dieselbe im großen Style neu zu begründen, nur auf dem angedeuteten Wege liege. Dieser Weg werde jedoch nicht betreten, weil die einflußreiche Umgebung des Papstes aus Leuten bestehe, deren Gesichtskreis durch die Erbschaft ihrer Geburt, die Angewöhnungen ihrer Erziehung, die Rücksichten auf Verwandtschaft, Gönnerschaft und Besitz beengt und verschleiert sei. In diesem menschlichen Uebel sei der Grund für die Reformation und andere Katastrophen, denen die Kirche ausgesetzt war, zu suchen. Wir stritten uns darüber lange herum, aber schließlich gab der Redemptorist nach und schwieg sich aus. Doch versäumte er die Gelegenheit nicht, um mich zu einem Besuche im Kloster einzuladen und für die Sache seiner Kirche zu interessiren.

Am Frohnleichnamstag sah ich ihn in der Prozession; nach
derselben suchte ich ihn wirklich in seiner Zelle auf; er
nahm mich freundlich auf und erinnerte sich gleich wieder
an unser Gespräch im Dampfschiff mit der Bemerkung:
„Ich habe seither viel über Ihre Behauptungen nachgedacht,
sie enthielten einiges Wahre." Zum Abschied gab er
mir ein Buch, eine katholische Novellensammlung in eng=
lischer Sprache, und bat mich, ihn doch wieder einmal zu
besuchen.

XIII.

New=Orleans, den 3. Juni 1883.

In dem Buche, das mir der Redemptorist geliehen,
fand ich eine Novelle „Flywheel Bob". Du weißt, daß
Bob soviel heißt wie Bub' oder Junge. Bei euch spricht
man von Lehrbuben, Stallbuben, Schusterbuben u. s. w.
Flywheel heißt das Schwungrad, und nun kennst du den
Titel der Novelle und ahnst auch deren Inhalt. Versetze
Dich in ein Fabrikviertel! Der Junge, der die Titelrolle
spielt, ist in einem finsteren Keller zur Welt gekommen.
Seine Mutter hat er nie gekannt, sie starb im Elend, als
er kaum laufen konnte. Betteln und Stehlen war seine
Profession. Die Polizei erwischt ihn, steckt ihn ins Ge=
fängniß, dann in eine Fabrik, wo er beim Schwungrad
beschäftigt wird. Die neue Stellung bringt ihn um das
einzige, was er auf dieser Erde sein nennen konnte. Er
muß seinen Freund weggeben, einen treuen Pudel, der alle

Freuden, Leiden und Wagnisse mit ihm getheilt hat. Der Hund hat mit ihm gegessen und gehungert, geschlafen, gefroren und gestohlen. Doch den Trost hat der Junge, daß sein „Pin" ein gutes Quartier bekommt. Die Tochter des Fabrikbesitzers wird dessen Herrin. Sie ist ein gründlich verzogenes Ding, dessen Launen der mit allen Wassern gewaschene Pudel trefflich zu benützen versteht. „Pin" wird der Liebling der Dame, wohnt und speist mit ihr in demselben Raume und an demselben Tische, und weiß sich derart in die „feinen Manieren" der reichen Herrschaft zu schicken, daß er fortan den plebejischen Namen „Pin" ablegen muß und dafür den aristokratischen Namen „Rover" erhält. Rover nimmt an allen Genüssen seiner Dame Theil, er spielt den reichen Prasser, während sein ehemaliger Herr sich kaum an Kartoffeln satt essen kann und nicht weiß, wo er nach des Tages Mühen sein Haupt hinlegen soll. Der Fabrikbesitzer, der Vater von Rovers Herrin, ist zwar ein hervorragendes Mitglied des Thierschutzvereins und übt die Humanität gegen die Thiere, aber seine Arbeiter haben für ihn nur soviel Werth, wie irgend ein Maschinentheil, ja noch viel weniger, denn sie kosten nichts, sie stehen ihm **unter** dem Hunde.

Als echter Fabriksklave sitzt der Bob vor dem Schwungrade und verrichtet gleich einer Maschine seine mechanische Arbeit. Das ewige Einerlei macht den Arbeiter blöd. Er stiert seine Maschine an und hält schließlich diese für seinesgleichen, für ein lebendes Wesen. Sie ist Tag für Tag in Bewegung, ohne das Rad kann er nichts und ist er nichts, das Rad wird ihm schließlich ein lebendes Wesen, von dem er sich nur als ein Theil fühlt. Einmal bleibt das Rad ganz plötzlich stille stehen, es ist etwas an der Maschine gebrochen, der Bob muß inne halten. Die Störung führt den Fabrikbesitzer, das Töchterlein und dessen Freund Rover zum Schwungrade. Der Pudel erkennt in dem schattenähnlichen, gänzlich abgemagerten Bob seinen ersten Herrn. Die Dame gewinnt dadurch für den Armen Interesse. Es ist zu spät. Bob kann das Glück, das ihm werden soll, nicht mehr fassen. Vom Stumpfsinn zum Wahnsinn ist ja nur ein kleiner Schritt. Das Rad stand stille, also mußte auch er stille stehen, denn das Rad war sein Leben, sein Herz. Bob stirbt.

Dies der Inhalt der Novelle, welche die einzelnen Charaktere und Lebenslagen ganz gut zeichnet. Die Lektüre hat meine Achtung vor der amerikanischen Literatur etwas vergrößert, doch vermuthe ich, daß der Verfasser ein Europäer ist. Bei den katholischen Sammelwerken, die hier in größerer Zahl erscheinen, kann man nicht immer einen bestimmten nationalen Charakter erkennen. Selbst die katholischen Zeitungen, die in den großen Städten erscheinen, bieten gar manches, das sich über die engbegrenzte Auffassung des amerikanischen Politikers erhebt. Daß einige dieser Zeitungen in der Erläuterung der kirchlichen Pflichten noch weit über die ultramontanen deutschen Blätter hinausgehen, darf in Amerika nicht verwundern. Ohne diese starke Betonung würde es ja kaum möglich werden, die katholischen Kirchen und Institute zusammenzuhalten. Auch dürfen wir nicht außer Acht lassen, daß sich die katholischen Kirchen in Amerika hauptsächlich aus den Iren rekrutiren, welche bei ihrer geringen Bildung leichter durch äußere Mittel disziplinirt werden können und disziplinirt werden müssen. Unter den übrigen Katholiken gehören zumeist nur die aus Norddeutschland zu den eifrigen, über die Franzosen und Bayern wird von den Geistlichen wegen ihrer Lauheit und Gleichgiltigkeit vielfach Klage geführt. Es

liegt dies im Volkscharakter und den Lebensanschauungen
begründet. Die Norddeutschen sind von Haus strammer, auch
in kirchlichen Dingen. Dazu kam die Schule des Kultur=
kampfes, und seit dieser Zeit hat das kirchliche Leben der
katholischen Deutschen in Amerika ganz bedeutend gewonnen.
Die unglaublichsten Berichte über den Kulturkampf werden
hier kolportirt und geglaubt. Nach unseren katholischen
Blättern zu schließen, geht es im deutschen Reich schlimmer
her als zu den Zeiten der Christenverfolgungen unter den
römischen Kaisern. Schon öfter kam ich in die Lage, dies
zu widersprechen, wobei die leichtgläubigen Leute gar nicht
begreifen können, daß in Bayern und Württemberg von
einem Kulturkampfe keine Rede sei. Der Verkehr mit
deutschen Katholiken in Amerika ist übrigens recht interessant.
Er belehrte mich auch, daß der Kulturkampf kaum in einem
anderen deutschen Lande eine solche Schärfe wie in Preußen
angenommen hätte. Die Neigung zum Extrem ist dort der
charakteristische Gegensatz zur süddeutschen Gemüthlichkeit.
Die Nachgiebigkeit und Verträglichkeit, das „Leben und
Lebenlassen" ist dem mehr starren Wesen des Norddeutschen
fremder als uns. Das soziale Leben der Süddeutschen ist
von Alters her, von demjenigen im Norden verschieden,
daher die verschiedene Gebahrung. Der Norddeutsche ver=
steht sich aus dem gleichen Grunde anderen Gewohnheiten,
Sprachen und Dialekten — mit Ausnahme des Englischen —
schwerer anzupassen als der Bayer, Schwabe und Oester=
reicher; er weiß sich auch wohl Achtung, aber weniger Liebe
zu erwerben. Anderseits wäre den Bayern und deren
nächsten Stammesgenossen manchmal ein Stück mehr von
der nordischen Kälte und Strammheit zu wünschen, um
die eigene Stellung und das deutsche Ansehen im Aus=
lande zu heben. Ich habe leider gefunden, daß ich mich

auf die norddeutschen Kameraden und Genossen in der Regel mehr verlassen konnte als auf die eigenen Lands=
leute.

Ich bin einen Sprung vom Wege abgekommen, denn ich wollte über das Zeitungswesen noch einige Bemerkungen machen. Doch ich kann mich kurz fassen. Die Zeitungen sind in Amerika noch mehr Geschäft als in Europa. Alles ist in diesen Zeitungen Geschäft: Politik und Sensation, und zwischen den Spalten „spannender" Romane, pikanter Notizen und allerlei skandalöser Dinge erscheinen die Re=
klamen und Inserate. Die Zeitung ist für den wenig oder höchstens nur halb gebildeten Amerikaner die Gedanken=
fabrik, das Orakel, die Hochschule. Entsprechend dem Wissens= und Bildungsgrade, dem Dünkel und der Neugierde des Amerikaners sind die Zeitungen redigirt. Sie bieten von allem Möglichen etwas, auch von Literatur, Kunst und Wissenschaft, aber in der Regel ist das Gebotene so ober=
flächlich und seicht als nur eine Zeitungslektüre sein kann. Aber das verschlingt der Amerikaner mit einem wahren Heißhunger. So ist es kein Wunder, daß die politische Büffelei Trumpf geworden. Das Zeitungslesen macht flach und dumm. Eine Wendung könnte nur von den Deutschen ausgehen, unter denen es noch Männer gibt, denen die amerikanische Schablone noch nicht völlig in Fleisch und Blut übergegangen ist. Zwar die Masse der Deutschen sucht etwas darin, in allem den Amerikanern nachzuäffen, viele englisiren auch ihre ehrlichen deutschen Namen, um als — Amerikaner zu gelten. Die Juden thun dies mit Vorliebe, ernten aber gleichwohl von den Yankees nur Verachtung ein, eine Verachtung, die so weit geht, daß in den größeren Hotels, wo die „feine Welt" verkehrt, die Juden ebenso wie die Neger geradezu verpönt

und verbannt sind. Wie trotzdem eure deutschen, von Juden
redigirten Blätter mit der Republik liebäugeln können, da
es ihre Stammesgenossen eigentlich doch nirgends schöner
als in Deutschland haben, das wäre beinahe wunderlich.

XIV.

New-Orleans, den 10. Juni 1883.

Deine Ansicht über die Chinesenbill ist falsch. Du
wähnst, daß sich der Kongreß durch die Agitationen der
weißen Arbeiter in die Nothwendigkeit versetzt sah, dieser
Einwanderung der Chinesen ein Ziel zu setzen. Das ist
nicht richtig. Diese Agitationen erhielten erst bei unseren
Herren Politikern Zug, als sich die Yankees, die eingebornen
Großindustriellen selbst, durch die Chinesen bedroht sahen.
So lange die Einwanderung aus Asien ihnen dienstbar
war, indem die Seelenverkäufer ihre Kulis im Dienste der
Yankees nach Uebereinkommen arbeiten ließen, so lange
waren die Proteste, Strikes und Reklamationen der weißen
Arbeiter vergeblich. Als aber die Menschenfleischlieferanten
anfingen, auf eigene Rechnung die Kulis zu beschäftigen
und den ganzen Profit in die eigene Tasche zu leiten, da
auf einmal war das Vaterland in Gefahr und der Kon=
greß stimmte bei. Freilich wird die Sache auch in Amerika
anders dargestellt und sozialdemokratische Redner verweisen
oftmals auf die Macht der Einigung und des Zusammen=
haltes unter den Arbeitern, wodurch die Chinesenbill zu
Stande gekommen wäre.

Die Arbeiter in den größeren Städten haben theilweise große Vereine gebildet, um ihre Forderungen durchzusetzen. Der koloſſale Zufluß an Arbeitskräften aus Europa hat aber die Bestrebungen der Vereine schon wiederholt gekreuzt. Die Unternehmer entlaſſen ihre ſtrikenden Arbeiter und ſtellen andere ein. Der Strike endet unglücklich, die Unternehmer jagen dann die „Grünen" meist wieder fort und ſtellen zu minderem Lohn die alten Arbeiter ein, weil dieſe die amerikaniſche Produktionsweiſe los haben. Die Bauhandwerker ſtellen ſich verhältnißmäßig noch am beſten, ſie halten aber auch unter ſich auf ſtrenge Disziplin und leiſten für ihren Verdienſt das Doppelte eines deutſchen Maurers. Die friſch aus Europa gekommenen Mitglieder müſſen eine förmliche Lehr- und Drillzeit durchmachen, um ſich die namentlich bei deutſchen Maurern übliche Langweilerei abzugewöhnen. Die Unternehmer müſſen den Akkord einhalten können, dafür haftet der Stolz und das Wort der Arbeitergenoſſen, die zum großen Theil aus Deutſchen beſtehen. Das Intereſſanteſte aber iſt, daß die Vereine meiſt nur gleichmäßig tüchtige Leute aufnehmen und als vollgewichtige und beſtbezahlte Arbeiter nur ganz gewiegte Männer dulden. Die von deutſchen Sozialdemokraten lange Zeit gepredigte Lehre, daß alle Arbeiter einer Branche gleich gut entlohnt werden müßten, wird bei den ſozialiſtiſchen Bauhandwerkervereinen Amerikas praktiſch geübt, aber ſie ſelbſt ſorgen dafür, daß die ſchlechten und minder guten Kräfte nicht als vollgewichtige Arbeiter anerkannt werden. Wenn einmal in Deutſchland die Fachvereine allgemein durch- und eingeführt ſind, werden wir die Erfahrung machen, daß die Arbeiter ſelbſt für die Aufnahme und Klaſſifizirung, die Ausbildung und Entlohnung der Genoſſen ſtrengere Anforderungen und

Unterscheidungen machen werden. Außer den Bauhand=
werkern gibt es noch andere Organisationen, allein bei der
Ausdehnung der Großindustrie und Arbeitstheilung, sowie
bei dem fortwährenden Zu= und Ueberflusse an Arbeits=
kräften wird es schwer, das Muster der Bauhandwerker
nachzuahmen, welche den Vortheil haben, daß ihre indivi=
duelle Thätigkeit nur zum Theil durch Maschinen ersetzt
werden kann. Zudem erzeugt die amerikanische Industrie
meist nur Massenprodukte, für deren Herstellung Ma=
schinen und Taglöhner genügen.

An sozialistischen Experimenten, welche den Arbeitern
die Zuwendung des Reinertrages ihrer Arbeit sichern
wollten, hat es in Amerika nicht gefehlt. Die bekanntesten
gingen von deutschen, französischen und englischen Ein=
wanderern aus. Fast alle sind sie mißglückt und für die
Prosperität der noch bestehenden übernimmt kein Mensch
eine Garantie. Das Theilhabersystem bewährt sich, wenn
der Unternehmer ein gerechter und humaner Mann ist.
Zünde eine Laterne an und suche die gerechten und
humanen Fabrikanten, Minenbesitzer 2c.! Die Produktiv=
genossenschaften der Arbeiter bewähren sich nur dann und
nur so lange, als bei Vorhandensein entsprechenden Kapi=
tals und tüchtiger Arbeitskräfte eine ehrliche, verständige,
umsichtige und kraftvolle Leitung besteht, die bei den Ge=
nossen Achtung, Gehorsam und Unterstützung findet. Wo
ist dies zu finden? Die meisten Genossen halten sich
für gescheidter als die von ihnen selbst erwählten Verwal=
tungsorgane sind; Eigensinn, Hochmuth, Unverträglichkeit,
Faulheit oder Habsucht zerstören die besten Assoziationen.
Auf der Disziplin, dem Gehorsam und einer allen Mit=
gliedern gemeinsamen Idee beruhen die wirthschaftlichen
Gemeinschaften der geistlichen Orden. Die kommunistischen

Organisationen, welche sich außer den Orden in Amerika gebildet und erhalten haben, sind auf die gleichen Prinzipien zurückzuführen. Nirgends ist die Neigung zur sozialen und geistigen Tyrannei größer als bei diesen Organisationen, deren Existenz von der Unterbindung des „freien Willens" in erster Linie abhängt. Wohl wird es immer und überall Männer und Frauen geben, welche gleiche Anlagen, Empfindungen, Strebungen und Bedürfnisse zur Gründung von kommunistischen Wirthschaftsgenossenschaften zusammenführen, allein was die einen für gut finden, das muß darum noch lange nicht für die Gesammtheit als heilbringend, nützlich und ausführbar angesehen werden. Der kommunistische Staat, wie er von einzelnen Schwärmern gedacht wird, würde der Tod der Freiheit und des Fortschritts sein, wenn er überhaupt jemals von einer Majorität oder Minorität verwirklicht werden wollte. Kommunistische Einrichtungen und Organisationen hat es zu allen Zeiten gegeben, sowohl freiwillige als erzwungene, aber das ganze Volksleben nach der Meinung gewisser Schablonennarren zu nivelliren, das wird nie und nimmer gehen.

Die Aufgabe der Staatsmänner muß die Ausgleichung des Individualismus mit dem Sozialismus sein. Das heißt über den Rechten und Eigenthümlichkeiten der Einzelnperson dürfen nicht die Pflichten der Solidarität vergessen werden, welche das Individuum gegenüber den Volksgenossen und Mitmenschen hat. Die Freiheit soll als die Pflicht aufgefaßt werden, nach dem Grundsatze zu handeln: Was du nicht willst, daß man dir thu', das füg' auch keinem andern zu! Die Freiheit ist nicht gleichbedeutend mit Willkür und Rücksichtslosigkeit. Großer Besitz und große Macht sollen nicht blos große Rechte geben, sondern auch große Pflichten auferlegen. Da weder die öffentliche Moral noch die religiöse Vorschrift noch kirchliches Gebot diese menschlichen und bürgerlichen Pflichten allgemein zum kräftigen Bewußtsein und Ausdruck zu bringen vermögen, so muß der staatliche Zwang mit gesetzgeberischen Mitteln zu Gunsten derjenigen eintreten, denen umgekehrt bisher die größten Pflichten ohne die entsprechenden Rechte oblagen. Der Staat muß vor Allem den Arbeitern die Kraft der Selbsthülfe verleihen, welche durch die Vereinigung der Individuen erzielt wird. Das Gefühl der Solidarität muß in den Korporationen erweckt und erzogen werden, ohne dem Individuum den Spielraum für die freie wirth= schaftliche und selbstschöpferische Thätigkeit ungebührlich zu verkümmern. Diesen Zweck strebte die mittelalterliche Ge= werbe=Ordnung an, sie hat ihn der Zeit und den Um= ständen gemäß erreicht, daher die Jahrhunderte lange Blüthe und Mächtigkeit des deutschen Handwerkes.

Meinen nächsten Brief schreibe ich in 14 Tagen, da ich den kommenden Sonntag zur Heimfahrt benützen muß.

XV.

Im Föhrenwald, den 24. Juni 1883.

Heute schreibe ich dir zu Ehren des Johannistages von meiner Farm aus. In der Stadt tritt das gelbe Fieber auf. Da ging ich gerne, zumal die Hitze drückend war, und mein Heim auch einmal eine Musterung bedurfte. Von den 36 englischen Meilen, die es von New=Orleans entfernt liegt, muß ich 32 zu Wasser per Dampfschiff machen, was im Sommer 50 ct. (M. 2.20), im Winter einen Dollar kostet. Weit um mich herum ist Wald mit einzelnen Lichtungen, die von Kolonisten geschlagen werden. Bei mir sind jetzt zehn Acker abgeholzt. Wie viel Schweiß hat mich das gekostet! Meinen Wirthschaftsplatz zieren einige schattige Eichen. Hundert Schritte davon ist ein Bach, der ziemlich tief ist. Klima und Wasser sind hier gut. Die jährliche Durchschnittstemperatur ist 17 Grad R. Die milden feuchten Winde vom Golf von Mexiko her, die zahlreichen stehenden und fließenden Gewässer im Lande und die großen Wälder kühlen die tropische Temperatur ab und verhindern im Winter die Fröste. Die Hitze wird hier nie so arg und empfindlich als in New=York. Das Land liegt 250 Fuß über dem Meer. Weiter unten beginnt die Fieberregion. In der Stadt, an den niederen Seeufern und in den Sümpfen und Niederungen des Mississippi gibt es alle Sorten von Fieber. In der Stadt steht der Mississippi 5—6 Fuß höher als die Stadt. Die Unreinlichkeit ist groß, wie in den meisten Städten Amerikas. Trotzdem herrscht das Fieber in New=Orleans lange nicht so, wie in Texas und Florida, wo es im vorigen Jahre toll herging. Louisiana ist immerhin noch besser als sein Ruf. Wir haben sogar trinkbares Wasser, was in Amerika nicht zu den überflüssigen Artikeln gehört; denn das Wasser ist fast durchgehends schlecht und ungesund.

Zu meiner täglichen Unterhaltung trägt ein treuer Hausgenosse bei: eine Schlange! Ja wohl, eine Schlange! An Schlangen hat Amerika keinen Mangel. Die Klapperschlange kommt bis zum 45. Grad nördlicher Breite vor. Im Süden gibt es die verschiedensten Arten von Schlangen. Doch wenn der Boden unter Kultur kommt, nehmen sie

Reißaus. Auf meinem Platz treffe ich selten eine Schlange.
Mein Nachbar hat viele Schweine, die alles, was da
kreucht, mit einer wahren Wollust verzehren. Schwarze
Schlangen sehe ich dann und wann. Diese sind aber nicht
giftig, wenn sie auch beißen, sobald sie verfolgt werden.
Sie sind merkwürdig flink. Die gefährlichen Schlangen
regen sich nicht, bis man auf sie tritt oder sie todtschlägt,
was freilich manchmal zu spät ist. Die schwarze Schlange
schützen wir und sie erreicht eine ziemliche Größe, falls sie
nämlich den Schweinen entkommt. Eine solche Schlange ist
bei mancher Familie eine Art Hausthier, sie kennt ihren
Herrn, geht auf seinen Ruf zu ihm, fängt Frösche, Mäuse
und Ratten und ist der größte Feind der Klapperschlange,
die sie überfällt und todtbeißt.

Von den Weinstöcken haben 110 den trockenen März
und April glücklich überstanden. Wenigstens 110 Stöcke!
Wie viel Arbeit und Sorge hängt an ihnen! Noch zwei
Jahre, dann hoffe ich den ersten selbstgebauten Wein zu
trinken. Im nächsten Jahre habe ich auch schon einige
Abwechslung an der Tafel: Kartoffeln und frisches Ge=
müse. Bis dato mußte ich mich mit getrocknetem Gemüse
zufrieden geben. Das Schwerste — so hoffe ich wenigstens
— ist überstanden. Immerhin kostet es noch genug An=
strengungen, um einmal nach langer Zeit sagen zu können:
Jetzt kann ich mich über Wasser halten. Hätte ich drüben
ebenso gearbeitet und gerackert, so würde ich es wahrschein=
lich dort weiter gebracht haben, als ich es hier zu bringen
hoffe. Doch im Heimatlande gibt es selbst für den Pro=
letarier Rücksichten und Vorurtheile, welche ihn nicht zu einer
außergewöhnlichen Arbeit und Kraftanstrengung als der an=
erzogenen oder angewohnten kommen lassen. Abgesehen
davon gibt es viele Leute, die nicht eher zu energischer

Thätigkeit sich aufraffen, bis der letzte Rückhalt verschwunden und die Brücke hinter ihnen verbrannt ist. Ich gehöre nicht zu dieser Sorte. Wohl hätte ich mich zu Hause mehr plagen können als ich es gethan, aber ich habe genug verdient und nie gefaulenzt. Mich hat nur die leidige Politik, das eklige Sozialistengesetz und eine falsche Vorstellung vertrieben. Der Groll hat sich inzwischen etwas gelegt. Ich habe mehr Länder und Menschen kennen gelernt und die Vergleiche haben meinen Gesichtskreis erweitert, sowie meinen Ideenkreis geläutert. In dieser Hinsicht vermag ich das Sozialistengesetz, so sehr ich es sonst noch verdamme, nicht zu verfluchen. Man muß eben Gott für Alles danken, sagt Bismarck.

Du schreibst mir, daß ein Vaterlandsmüder mit Familie zu mir reisen will. Der gute Mann will sogar mein Compagnon werden! Der Vorschlag ist recht schön und für mich klingt er überaus angenehm. Gemeinschaftliche Arbeit fördert ja das Werk ungemein. Wenn zwei recht tüchtig zusammenschaffen, so arbeiten sie für drei und bringen mit weniger Anstrengung das Dreifache fertig. Aber von den meisten Menschen passen selten zwei zu und für einander. Die Menschen sind „Viecher", sagt ein Münchener Hofbräuhauswitz. Ich sage: die Menschen sind einfach Menschen. Dem besten Menschen kommt der Appetit mit dem Essen. Der Compagnon läßt es sich in der Regel nicht an der halben Ration genügen, er will schließlich den guten Freund mit einer Gnadenportion abfertigen oder ihn mit leeren Taschen fortdisputiren, sobald das Geschäft sich einigermaßen erträglich angelassen hat. Darum rathe ich dem guten Freunde: er solle sich in meiner Nachbarschaft ansiedeln. Für 60 Mark erhält er 160 Acker Regierungsland, das ihm in 5 Jahren als

Eigenthum zugeschrieben wird. Ein Schweizer, der mit langem Suchen und Reisen bereits 1600 Francs verthan hatte, siedelte sich vor kurzem ebenfalls in meiner Nachbarschaft an. In der Nähe gibt es auch schon einige Wirthschaften für Sommerfrischler, die aus der Stadt in den Föhrenwald ziehen, um das Ozon einzuschlürfen. Diese Badegäste zahlen für Kost und Logis 35 Dollars per Monat, 10 Dollars per Woche, $1^1/_2$ Dollars per Tag. Wenn der „Compagnon" eine Frau hat, die etwas arbeiten mag, gut wirthschaften und namentlich gut kochen kann, so rathe ich ihm, ebenfalls eine solche Pension für New=Orleanisten zu errichten. Land am Wasser gibt es freilich keines mehr. Fünf Minuten von mir ist ein Gut mit 240 Acker feil, die aber etwas naß sind. Außerdem verkauft ein Nachbar seine Farm mit 160 Acker, einem alten Haus, drei Kühen, drei Kälbern, zwei Pferden und der Fahrniß um 1500 Dollars (6500 Mark). Dieses Gut wäre, wenn noch einiges zur Erweiterung des Hauses und Verschönerung des Platzes gethan würde, für den besagten Zweck sehr geeignet. Der Kreole will, wenn er aufs Land geht, Zeitvertreib haben, er will fischen und baden, auch darf die Hängematte unter einem schattigen Baume nicht fehlen. Will der „Compagnon" hier nicht anbeißen, so möge er sich einige Meilen von mir Regierungsland um 60 Mark kaufen und dazu das nöthige Inventar. Ein Kühlein kostet 20 Dollars, 1 Gaislein 1 Dollar, ein Dutzend Hühner 3 Dollars. Aber zu Allem gehört Geld, und wenn mein guter Freund nicht mindestens 2000 Mk. an Ort und Stelle bringt, so thut er besser daran, wenn er in Deutschland bleibt und sich redlich wie bisher nährt.

Hat also mein künftiger Gutsnachbar Schneide, Wanderlust und Geld, so möge er meinetwegen kommen. Mir kann es nur recht sein. Ich gehe ihm gerne mit Rath und That an die Hand, und wenn er ein anständiger Mensch ist, so wird er auch mir Gutes mit Gutem vergelten. Wäre ich ein gewissenloser, selbstsüchtiger Mann, so würde ich nach amerikanischer Art die Zustände und Hoffnungen aufs Allerschönste herausputzen, um Ansiedler anzulocken und dadurch den Werth der eigenen Farm zu heben. Der Bodenwerth und die Grundrente steigen ja mit der Vermehrung der Bevölkerung. Je mehr Menschen in einem Lande, in einem Distrikte, in einer Stadt, desto gesuchter und theurer wird der Grund und Boden. Daher ist es zu erklären, daß deutsche Reiseschriftsteller von den Farmern im Nordwesten und sogar in Dakota und Texas sehr günstige Berichte über die Lage erhielten. Würden die Ansiedler den fahrenden Zeitungsschreibern aus Europa kurz und klein den wirklichen Sachverhalt mittheilen und ihr Herz ausschütten, so würden bald zahlreiche Journale in Deutschland, Oesterreich, Schweden, Rußland 2c. die Warnungen der „Augenscheinnehmer" wiedergeben und die Auswanderung in eine andere Richtung drängen, wenigstens für eine Zeit lang; für immer würde dies kaum statt haben, weil die Vereinigten Staaten trotz alledem und alledem manchem Einwanderer noch mehr Aussichten auf eine günstige Zukunft zu eröffnen scheinen als die meisten anderen Ablagerungsplätze für das in Europa überflüssig gewordene Menschenmaterial. Die bereits hoch angeschwollene Bevölkerungsziffer ist in einem Lande, das noch Raum für die dreifache Zahl bietet, eine Anziehungskraft. Die Ansiedler im Nordwesten, wohin ja jetzt der Zug der Pflanzer vornehmlich geht, tragen sich mit der Hoffnung, daß sie durch das Wachsthum der Bevölkerung, der Bedürfnisse und Verkehrsmittel näher an einen ergiebigen Markt gebracht und dadurch in eine bessere

Lage versetzt werden. Die Hoffnung hat einige Berechtigung, nur macht die herrschende Korruption und Spekulation durch die Rechnung der meisten Farmer einen Strich. Dazu gesellen sich, um das Maß der Enttäuschungen noch mehr zu füllen, gerade in den „guten" Gegenden die Folgen der Produktionsweise, des Raubbaues, der fort und fort dem Boden Stoffe entzieht, ohne demselben einen Ersatz zu bieten, das Grundgesetz aller Landwirthschaft — die Abwechslung der Kulturen — geradezu mißachtet und zur Verschlechterung des ohnehin schlechten Klimas in unglaublichem Grade beiträgt. Das Papier geht zu Ende, ich schließe, da ein zweiter Bogen den Brief zu schwer machte. Ich darf Dir auf einmal nie zu viel schreiben, sonst ginge mir bald der „Zwirn" aus und ich hätte dann keinen Anspruch mehr darauf, daß du mich mit deutschen Zeitungen versorgest.

XVI.

Im Föhrenwald, den 1. Juli 1883.

Eine Bemerkung über Johannes Most, die durch die deutschen Zeitungen geht, veranlaßt mich heute, über diesen Mann zu schreiben. Es erscheint mir glaublich und unglaublich, daß Most für seine Agitationsreisen so große Forderungen an diejenigen stellt, die er mit seinen Reden beglückt. Glaublich deßwegen, weil es in Amerika allgemein Sitte ist, daß sich die politischen „Alligatoren" bezahlen lassen und je nach dem Grade der Wirkung ihrer

Suade mehr oder minder hoch entlohnt werden. Ueberdies braucht Most Geld für seine „höheren Zwecke". Der Druck und die Verbreitung seiner „Freiheit" kosten Geld und in Europa scheint er damit keine besonders glänzenden Einnahmen zu erzielen, obschon er dort nicht ohne Anhang ist. Für seine Person macht er kaum Geld. Selbst seine Gegner vermögen im Ernste nicht das Gegentheil zu behaupten. Ich will ihn deßwegen nicht in Schutz nehmen wegen seiner anderen Eigenschaften, die ja zum Theil nicht die empfehlendsten sind. Und weil ich auch seine übrigen Eigenschaften genauer kennen lernte, habe ich die Achtung vor seiner Tugend eingebüßt. Nicht männliches Bewußtsein und vollendete Ueberzeugung treiben ihn zur rastlosen Propaganda für seine Idee an. Der überspannte Ehrgeiz ist seine Triebfeder. Er leidet an der krankhaften Einbildung, ein unendlich besserer Redner als August Bebel, ein unvergleichlich gewandterer Journalist als Wilhelm Liebknecht, ein weitaus bedeutenderer Geschichtsschreiber als Professor Theodor Mommsen, ein weltgeschichtlich wirksamerer Revolutionär als Otto von Bismarck zu sein. Wer wie ich hundertmal mit Most verkehrt hat, wird diese Meinung aus den herabsehenden Aeußerungen geschöpft haben, welche er über jene Persönlichkeiten und fast über jeden Politiker, Schriftsteller, Gelehrten und Staatsmann abgibt, dem die Welt ein größeres Relief als ihm verleiht. Die Ueberhebung ist jedoch nicht lediglich die Folge seiner rednerischen, agitatorischen und journalistischen Erfolge, welche er in den siebziger Jahren in Deutschland eingeheimst hat. Ebensowenig sind die hochgradige Nervosität, Hysterie und Hypochondrie, an welchen er leidet, einzig aus seiner aufregenden Thätigkeit zu erklären. Die Ursache eines gestörten körperlichen Zustandes und seiner geistigen

Ueberspanntheit sind vielmehr in der Onanie zu suchen, der er mit unaustilgbarer Leidenschaft ergeben ist. In dem Laster, dem er fröhnt, ist die Erklärung für die Ausartung seiner Ideen zu suchen, und an den Folgen dieses Lasters wird er auch zu Grunde gehen.

Wer aber glauben sollte, daß Most in Amerika keinen Anklang findet, der ist in einem gefährlichen Wahne befangen. Gefährlich deßhalb, weil er vielleicht geneigt wird, die Wirthschaft des Geldkapitalismus und das wahrscheinliche Ende derselben mit verschleierten Augen zu übersehen. In den Vereinigten Staaten ist die Freiheit der wirthschaftlichen Bewegung bis zur Willkür des selbstsüchtigen Erwerbes ausgewachsen. Hier kann man die Segnungen studiren, welche die uneingeschränkte Macht des Geldkapitalismus über ein „jungfräuliches" Land gebracht hat. Nirgends hat die Entwicklung dieser Macht den Grad wie in Amerika erreicht. Wohin sie führt, das sehen wir: zur weißen Sklaverei.

Gefasel ist es, wenn deutsche Zeitungen die amerikanische Republik preisen, daß sie vom Sozialismus nichts zu befürchten habe. Wenn diese Behauptung vor zwanzig und dreißig Jahren aufgestellt wurde, so war sie noch zu erklären. Aber heute, wo die Kluft zwischen Reich und Arm zusehends sich erweitert, wo die großen Geldhausen immer größer und die kleinen Löhne immer unzureichender werden, wo mit der Zahl der Livreen die Zahl der elternlosen Kinder, der heimatlosen Familien, der obdachlosen Armen, der arbeitslosen Arbeiter, der aussichtslosen Vagabunden in riesiger Progression wächst, wo die Menge der das Land und die Straßen unsicher machenden Bettler in unerhörter Weise zunimmt und die Anwendung barbarischer Mittel und drakonischer Gesetze hervorruft, wo das gemeinsame Interesse der Eisenbahnkönige, Schlotjunker, Getreide=, Kohlen=, Petroleum=, Land= und Lebensmittelmonopolisten den unglaublichsten Druck auf das produzirende Volk und konsumirende Publikum ausübt, wo die ganze Gesetz= gebungs= und Verwaltungsmaschine, die Presse und Justiz in den Händen der dominirenden Cliquen liegen, in einem solchen Lande wird die Anarchie nur die nothwendige Folge des schrankenlosen Manchesterthums sein.

In Deutschland sind die wirthschaftlichen Verhältnisse nicht zu der gleichen Stufe gediehen. Sie waren auf dem besten Wege, nach amerikanischem Muster sich auszugestalten, allein die monarchische Regierung war noch selbstbewußt und stark genug, um die Dinge nicht zum äußersten kommen zu lassen. Ich lese zwar in deutschen Zeitungen, daß es gar viele Skeptiker in dem alten Lande der Zweifler und Philosophen gibt, welche wähnen, es sei dem Kanzler mit seiner sozialen Schutzzollpolitik nicht Ernst. Abseits vom Schauplatze sehe ich die Vorgänge in der Heimat nüchterner, ruhiger und objektiver an. Mir will es da gerade bedünken, daß Bismarck auch ohne Schutzzölle und Sozialreformen Geld bewilligt erhalten hätte und zwar, wenn er wollte, gerade von denjenigen Parteien, die ihn jetzt am heftigsten von vorne und hinten befehden. Ein so weitsichtiger Staatsmann, wie Bismarck, hätte sich auch kaum herbeigelassen, die sozialen Pflichten des Königthums und des Staates so entschieden zu betonen, wenn er nicht die Nothwendigkeit und Möglichkeit der Hilfe für den „armen Mann" einsah. Solche Worte und Versprechungen, die in den kaiserlichen Botschaften enthalten sind, werden nicht wie Zeitungsartikel für den Tag gemacht, solche Kundgebungen von solcher Stätte und aus solchem Munde sind geschichtliche Thaten, an welche die Mit= und Nach=

welt anknüpft, um den Fortschritt der Kultur und Civilisation zu begründen. Solche Proklamationen mögen hundertmal nur die Quintessenz und Bestätigung von Meinungen und Behauptungen sein, welche von Sozialisten tausendmal vorher aufgestellt und wiederholt wurden. Deßwegen verlieren die kaiserlichen Botschaften nichts an ihrer Bedeutung. Wenn zwei das nämliche sagen, ist es noch lange nicht das Gleiche. Niemand war sich der Wahrheit dieses Ausspruches mehr bewußt als der Kanzler. Er war sich zweifellos völlig klar darüber, daß der dringende Ruf nach Reformen nur das arbeitende Volk in seinen Anschauungen von der Gerechtigkeit seiner billigen Ansprüche bestärken werde. Eine solche Politik ist nur für starke Männer, die das Zeug und die Mittel haben, ihren Willen durchzusetzen, in der sicheren Ueberzeugung, daß ohne die Verwirklichung der gemachten Zusagen die Reform in die Revolution übergehen werde. Die Regierung wird die Reformen nöthigenfalls ohne die Parteien und ohne die Arbeiterführer durchsetzen, weil sie die Reformen einfach schon im Interesse der monarchischen Selbsterhaltung durchsetzen muß. Die Monarchie hat nur so lange Bestand, als sie sich ihrer sozialen Aufgaben bewußt bleibt und dieselben zu erfüllen trachtet. Eine Monarchie, in welcher das Staatsoberhaupt nach Napoleon's I. Ausspruch blos ein Mastschwein vorstellt, wie das in der konstitutionellen Monarchie nach berühmten Mustern thatsächlich der Fall ist, eine solche Monarchie hat in Deutschland keinerlei Berechtigung. Fürst Bismarck macht daraus so wenig ein Hehl, daß er es vielmehr offen im Reichstage urbi et orbi verkündete.

In Oesterreich beeilt sich die Regierung gleichfalls, die soziale Reformarbeit nach Kräften zu fördern. Allein dort wird die Heilung der erkannten Schäden schon schwieriger, weil die Herrschaft des Geldkapitalismus zu tief in alle Verhältnisse sich eingefressen hat. Die Ausbeutung der Staatsfinanzen, der Schwindel mit Aktien, der Wucher auf dem Lande, der Schacher in der Stadt, die Proletarisirung des Handwerkes, die Versklavung der Arbeit, die Enteignung der Grundbesitzer, die Fälschung der öffentlichen Meinung haben in Oesterreich größere Dimensionen als in Deutschland, zum Theil noch größere als in Frankreich und beinahe so große wie in Rußland und Amerika angenommen. Daher kommt es, daß Most in Oesterreich mehr Anhänger hat als in Deutschland und daß der Nihilismus in den slavischen Ländern Oesterreich-Ungarns mehr Sympathieen hat, als vielleicht pessimistische Generäle und Staatsmänner ahnen. Der Sozialismus hat überall diejenige Form, welche er gemäß den Umständen, die ihn hervorgerufen und modelliren, haben muß. Wenn in Deutschland der Anarchismus des Herrn Most keine Ausbreitung findet, so ist daran keineswegs die Abwehr der „gemäßigten" Sozialdemokratie Bebel'scher Richtung Schuld. Die vorherrschende Mäßigung hat ihren Grund in den allgemeinen Verhältnissen und den leitenden Staatsmännern, welche in dem Volke die Hoffnung auf gesetzliche Befriedigung seiner berechtigten Forderungen nicht unterdrücken, sondern geradezu nähren. Diese Beobachtung zwingt der Sozialdemokratie eine gemäßigte Richtung auf, im anderen Falle würde sie zum Anarchismus gelangen und schleunigst auf den Most kommen.

XVII.

Im Föhrenwald, den 4. Juli 1883.

Der Prozeß in Tisza-Eszlar ist ein gefundenes Fressen für unsere Zeitungsschreiber. Ich lese die endlosen Abhandlungen nur mehr aus Langeweile. Wenn ich gleichwohl darüber an dich schreibe, so geschieht es nur, weil ich sehe, wie sehr dich meine in der Einsamkeit des Waldes ausgebrüteten Gedanken interessiren. Selbst über den abscheulichen Judenprozeß habe ich nachgedacht. Ich verglich ihn mit dem Prozeß gegen den Mörder des Präsidenten Garfield. Die Unterlage zu diesem wie zu jenem Prozeß bildet die soziale Niedertracht. Hier erscheint ein Mörder, dessen That nur die Ausgeburt der Gesinnungen war, welche in einem weiten Kreis von Leuten gang und gäbe waren, deren geschäftliche Kalküle der Präsident zu kreuzen drohte. In Ungarn erscheint eine Gesellschaft von Individuen, welche ohne genügende Beweise des Mordes angeklagt wurden, weil der Haß des Volkes auf ihrer Klasse und Rasse ruht. Hier der Mord, dort die Anklage — und beide Erscheinungen finden ihre Erklärung in denselben Ursachen: im Manchesterthum, in der Theorie der wirthschaftlichen Freiheit, in der Praxis des rücksichtslosen Erwerbes. Geht dies in der bisherigen Weise fort, so wird es nur mehr weniger Jahre bedürfen, bis der aus den ausgesäten Drachenzähnen aufkeimende Anarchismus hier schuldige Mörder hochleben läßt und dort auch unschuldige Angeklagte zum Tode verdammt.

Johannes Most agitirt in Amerika nicht ohne Erfolg. Unsere „gemäßigte" Sozialdemokratie kann ihm auf die Dauer nicht Stand halten. Nun freilich, diese Mäßigung erklärt sich vielfach nur aus rein persönlichen und egoistischen Motiven. Die bisherigen Leute, welche vor Most als „Führer" und „Rufer im Streite" figurirten, wollen vor allem „leben" und wieder „leben". Die amerikanische Geschäftsmoral hat auch sie etwas angesteckt. Jonas, der große New-Yorker Volkszeitungsmacher, will vor Allem Geld verdienen. Andere „Führer" dachten in ähnlicher Weise und darum riethen sie zum Frieden, wo doch Krieg sein mußte. Redacteur Franz in Philadelphia, den Du als Schriftsetzer in München und Buchhändler in Zürich, respektive als seinerzeitigen sozialdemokratischen Agitator kennen gelernt hast, rieth den Arbeitern, sich vornehmlich auf wirthschaftliche Fragen zu werfen. Damit meinte er die Organisation von Strike- und Kassenvereinen, oder wie man jetzt in Deutschland sagt, von Fachvereinen. Allein er stieß an, weil er die Enthaltung von der Politik empfahl. In Deutschland hätte ein solcher Rath, der dort aus taktischen Gründen gegeben wird, wenig Gefahren. Denn in Deutschland kann sich keine Partei, keine Klasse der Politik entziehen, weil ihre nächstliegenden Interessen mit derselben verquickt erscheinen. Die Regelung der wirthschaftlichen Angelegenheiten gerade des arbeitenden Volkes steht dort im Vordergrunde der politischen Diskussion. Dort beschäftigt sich die Regierung in hervorragender Weise mit allen Fragen, welche jenseits und diesseits des Ozeans dem Arbeiter am nächsten liegen. In Amerika dagegen erfüllt das Manchesterprinzip die Staatsraison; die republikanische Regierung von Geldsacks Gnaden kann und darf sich um solche „Velleitäten" nicht gleich einer monarchischen

Regierung bekümmern. Wie die Clique und die Regierung, so denken die Presse und die Bourgeoisie. Daher erregte Franz mit seinem Vorschlag den Unwillen der Arbeiter.

Most kam und erklärte den Arbeitern, daß sie vor Allem ihre eigene Politik treiben müßten. Er predigt unversöhnlichen Haß den Palästen, der herrschenden Gesellschaftsklasse, dem korrupten Staat. Für ihn gibt es keinen modus vivendi mit dem Bestehenden, jeden Ausgleich lehnt er des entschiedensten ab. „Blanker Tisch" muß gemacht werden. An die Stelle der verrotteten Politik muß die Regierung der produktiven Arbeit treten. Ueber das Wie macht er sich keine Skrupel. Die Hauptsache für ihn ist, daß er Beifall findet. Er will die Massen organisiren, um den heutigen Staat in Trümmer zu schlagen. Das ist sein nächstes Ziel, er macht sich damit Namen und Stellung. Das Uebrige bereitet ihm keinen Kummer. Nach ihm die Sündfluth!

Früher hätte Most solche Kost dem deutschen Arbeiter in Amerika vergeblich geboten. Heute tritt an diesen die Magenfrage in zusehends bedenklicherer Zudringlichkeit heran; er wird unzufrieden, und da er vom Staat keine Hilfe erwartet, wendet er sich gegen denselben. Dem ungebildeten Iren, dem englischen und amerikanischen Arbeiter war von jeher die Betheiligung an politischen Angelegenheiten nur ein Mittel zum Zweck und der Zweck hieß in der Regel: „Viel Schnaps!" Der Begriff des Staates war diesen Leuten nie geläufig; solange es etwas zu essen, zu trinken und einzusacken gab, waren sie guter Dinge. Nun wird auch ihnen die Krisis, der Arbeitsmangel und die Verdienstgelegenheit mehr und mehr fühlbar. Die Fähigkeit, sich in Interessengruppen gleich den deutschen Arbeitern zu vereinigen, ist ihnen nicht in hohem Grade eigen. Um

so mehr wirkt auf sie der Appell an ihre rohen In=
stinkte. Die „gemäßigte" Sozialdemokratie war ohne er=
heblichen Einfluß auf diese Sorte von Menschen. Agita=
toren wie Franz und Jonas mögen allenthalben noch bei
deutschen Arbeitern Gehör finden, für die unwissenden Iren,
Engländer und Amerikaner sprechen und schreiben sie viel
zu „hoch". Most dagegen reizt den wilden Appetit und
vermehrt dadurch die Zahl seiner Jünger und Anhänger.
In Chicago ist sein Hauptquartier. Von da aus reist er
im Lande umher und das „Gebrüll des Löwen" wird in
der Wüste gehört. Most spricht nur mehr vor Tausenden,
Franz ist längst gestürzt und Jonas sucht auf einer
Schweizerreise Erholung für die empfangenen Niederlagen.
Most fängt bereits seinen Anhang militärisch zu organisiren
an. An stets zum Losschlagen bereiten Lanzknechten wird
es ihm nicht mehr fehlen. Die fortschreitende Industrie=
und Handelskrisis ist Wasser auf seine Mühle. Die Ueber=
zeugung, daß die soziale Reform in der Republik einfach
unmöglich ist, wird die soziale Revolution beschleunigen.
Der Anarchismus ist die Konsequenz des Manchesterthums.

Die Bourgeoisie hat von selbst noch nirgends die so=
ziale Reform eingeleitet. Wenn einsichtige und fähige
Köpfe aus ihrer Mitte erstanden, welche die Nothwendigkeit
einer Aenderung der wirthschaftlichen Zu= und Nothstände
betonten, so wurden sie entweder todtgeschwiegen oder todt=
geschlagen, wenn nicht physisch, so doch moralisch. Die
Brüder Gracchus in Rom sind keine vereinzelten Exempel.
Selbst Präsident Garfield ist in gewisser Beziehung als ein
Opfer der Reformideen zu betrachten. Er wollte der Kor=
ruption in der Verwaltung begegnen, die politische und
persönliche Günstlingswirthschaft unterdrücken, die Erlang=
ung von öffentlichen Beamtungen von dem Nachweis der

Befähigung abhängig machen. Indem er die Hoffnungen verschiedener Streber auf höhere Posten zu nichte machte, zog er sich den unversöhnlichen Haß der Enttäuschten und ihrer Anhänger zu. Was der Mörder Guiteau that, das dachten und wünschten Tausende von Angehörigen aus der „besseren" Gesellschaft, an deren Spitze Kongreßmitglieder, Senatoren und Präsidentschaftskandidaten standen. Garfield bewährte sich nicht als „stalwart", als ein in der Wolle gefärbter Manchestermann, der Politik und Religion, Staat und Amt nur als Geschäft, als gute Gelegenheit zum „Gaufen" betrachtet.

Das Neueste ist, daß die Chinesen in Kalifornien nun ebenfalls anfangen, mehr Lohn zu fordern, nachdem die Konkurrenz unter ihnen geringer geworden ist. Die Einfuhr der Kuli hat sich ganz bedeutend reduzirt. Eine heftige Agitation hat derselben ein Ziel gesetzt. Hätte die Regierung und der gesetzgebende Rath des Staates nicht nachgegeben, so wäre es zu einem fürchterlichen Massacre gekommen. An Vorspielen fehlte es nicht. Auch liegt Kalifornien zu weit von den Yankeestaaten ab, so daß die Menschenfleischhändler Kaliforniens vorzogen, für einmal nachzugeben. Der Erfolg in Kalifornien blieb nicht ohne Eindruck auf die Arbeiter im Osten. Auch der neueste Strike der chinesischen Schuster in San Franzisco wird von Most gehörig ausgebeutet. Die Arbeiter müßten sich organisiren und die gegenseitige Konkurrenz beseitigen: dann würden sie ihre Bedingungen diktiren können. Gehe es nicht willig, so gehe es mit Gewalt. Most findet auch ganz besonderen Gefallen an den chinesischen Wäschern in Boston, welche einen Landsmann mit hundert Hieben zur „Vernunft" brachten, weil er ihren höheren Lohnforderungen nicht folgte und billiger fort arbeitete. Der furchtbar Mißhandelte getraut sich nicht seine Peiniger zu verrathen, weil er befürchten müßte, umgebracht zu werden. Dieses Rezept empfiehlt Most zur Nachahmung und siehe da! — es zieht.

Heute muß ich noch nach New-Orleans fahren, mein Chef hat mich zitirt.

XVIII.

New-Orleans, den 8. Juli 1883.

Ich schrieb Dir außer der Regel am Jahrestage der amerikanischen Verfassung, weil ich fürchtete, heute nicht zum Schreiben zu kommen, da ich dachte, mit der Besorgung der mir übertragenen Arbeit gestern Abend fertig zu werden und den heutigen Tag zu einigen Besuchen, Geschäften und zur Heimfahrt zu benützen. Es kam anders, und meine Familie wird mich vergeblich am Landungsplatze erwarten. Ich muß nämlich in den nächsten Tagen noch einige Gelegenheitsinstallationen elektrischer Leuchtapparate in anderen Etablissements leiten, an die ich durch einen Franzosen empfohlen worden bin. Das trägt ein unerwartetes Sümmchen, mit dem ich einige Einkäufe an Sämereien, Stecklingen und Lebensbedürfnissen machen werde. Das Beste ist, daß ich für die Familie jetzt keine großen Ausgaben für Kleider zu machen brauche. Sonst wird das einförmige und karge Leben gefristet mit dem, was die Natur im Walde an Früchten und im Wasser an Fischen bietet. Auch treten die Nachbarn meiner Familie hie und da etwas Wild, Gemüse, Mehl 2c. ab, wofür ich sie mit Hilfe meiner mechanischen Fertigkeit und technischen Kenntnisse entlohnen kann. Das Klima ist in meinem Föhrenwalde leidlich erträglich, kalt wird es nie, und auch nie so heiß wie in New-York oder in Dakota, von woher gegenwärtig 40 Grad Reaumur im Schatten gemeldet werden.

Weil ich gerade wieder beim Klima bin, so will ich Dir aus einem Berichte des Majors J. W. Powell, Direktor des geologischen Centralbureau in Washington, folgende Stelle zitiren: „Zwanzig Zoll Regen ist als das Minimum angenommen für erfolgreichen Landbau ohne Bewässerung. Bei zwanzig Zoll kann der Feldbau von Jahr zu Jahr nicht gleichmäßig gedeihen. Häufige Dürren treten ein. Aus einer langen Reihe von Jahren erweisen sich viele als unfruchtbar, und es dürfte wohl in Zweifel stehen, ob überhaupt der Ackerbau sich bezahlt." — Der Verfasser spricht hier von den Staaten, die im Nordwesten gelegen sind und theilweise in das Bereich der Nord-Pacific-Bahn fallen: von Montana, Dacota, Wyoming, Nebrasca, Colorado, Missouri ꝛc. Der ganze Westen mit den Staaten und Territorien Washington, Oregon, Nevada, Kalifornien, Arizona, Idaho, Utah, New-Mexiko inklusive Texas zählt zu der wasserarmen Region. „Ein breiter Gürtel — eben jene Staaten des Nordwestens — trennt die wasserarme Region des Westens von der feuchteren Region des Ostens. Die Landstrecke, die sich vom 100. Meridian bis Minnesota ausdehnt, muß unheilvollen Dürren mehr oder weniger ausgesetzt sein." Diese Region nimmt sammt der wasserarmen des Westens ungefähr die Hälfte der Vereinigten Staaten ein. Der größte Theil dieser Region ist waldlos, die vorhandenen Gewässer sind nur in sehr beschränktem Maße zur Befeuchtung und Bewässerung hinreichend, die fortschreitende Entwaldung verringert diesen brauchbaren Wasservorrath, die Flüsse sind meist tief in's

Terrain eingeschnitten und befördern die Entwässerung des Bodens.

Karl Schurz hat wiederholt auf die Folgen der Waldausrottung und auf den Schwindel mit den Landverkäufen im Westen hingewiesen. So schrieb er 1877 als Minister des Innern in einem Bericht: „Der bei weitem größte Theil der Ländereien westlich vom einhundertsten Meridian ist ohne künstliche Bewässerung für ackerbauliche Zwecke untauglich, und die Grundfläche, wo künstliche Bewässerung möglich erscheint, ist sehr klein." — Weiter heißt es in einem Bericht des geologischen Instituts über Kolorado und die umliegenden Territorien: „Ein sehr großer Theil von Colorado ist für ackerbauliche Zwecke zu hoch gelegen, der beste und ergiebigste Boden muß nothwendiger Weise stets müßig liegen bleiben. In anderen Lokalitäten, wo die Höhengrade günstiger, sind landwirthschaftliche Erfolge durch den Mangel an Wasser beeinträchtigt." — General W. B. Hazen, der jahrelang in jenen Gegenden stationirt war, gab 1875 einen Band seiner Beobachtungen heraus, in dem geschildert wird, wie die verschiedenen Eisenbahngesellschaften im Nordwesten und am Stillen Ozean ihre vom Staate erschwindelten Ländereien an die Einwanderer verschachern. „So ereignete es sich, daß plötzlich, durch die zauberische Macht der Presse, jene schlechten Ländereien, sandigen Ebenen, wüsten Einöden, Salzbassins und schwarzen Berge so fruchtbar wurden wie das Thal von Kaschmir. Hier gab es Heimstätten für die Heimatlosen und Land für die Landlosen." Der General beschreibt dann die fruchtlosen erschöpfenden Anstrengungen der Farmer. Eine Ausnahme machen in dem großen Raume, der von Britisch-Amerika, der Sierra Nevada, Mexiko und dem Felsengebirge sich ausdehnt, nur einige Flußthäler, die bewässert

werden können, sowie die gelegentlichen sehr spärlichen Regen=
jahre. An einer anderen Stelle nennt es der General den
gräßlichsten Betrug, Einwanderer in die beschriebene Gegend
zu verlocken. Auch in Montana und Dakota sei der Land=
bau ohne künstliche Bewässerung kaum dauernd möglich
und diese sei nur an wenigen Plätzen durchführbar. Ebenso
gebe es in dem oberen Missouri nur Enttäuschung und
Noth in Hülle und Fülle; Heuschrecken und Hunger seien
dort die gewöhnlichen Gäste.

General Sully, der sechszehn Jahre lang im Nord=
westen stationirt war, schreibt: „Das Terrain westlich von
Minnesota bis an den Missouri ist entschieden schlecht, eine
hohe, trockene Prairie, für die Kultur meist untauglich. Die
vorhandenen Teiche und Seeen enthalten in der großen
Mehrzahl kein trinkbares Wasser, viele trocknen im Sommer
aus. Holz gibt es wenig, Regen während des Sommers
selten. Das Vieh müßte auf den Weiden weit umher=
streifen und im Winter erfrieren. Stürme, Schneegestöber,
grimmige Kälte sind dort zu Hause. Westlich von Mis=
souri ist das Land besser, doch kann auch dieses nur stellen=
weise zur Ansiedlung empfohlen werden." Der bekannte
Gründer der Greeley=Kolonie in Colorado bestätigt die
Angaben Sullys aus eigener Erfahrung und schreibt:
„Landwirthschaft ist in jenen Gegenden eine Unmöglichkeit.
— In Dacota muß der Viehstand überwintert werden
und das Heu ist oft von so geringer Qualität, daß das
Vieh die langen harten Winter kaum überleben kann,
wenn es auch gut gestellt und geschützt ist." Major W.
J. Twining, der Ober=Feldvermesser der Vereinigten
Staaten für den Norden, schreibt: „Hier (in Dakota, Mon=
tana, Washington ꝛc.) finden wir einen Sachbestand, welcher
der Ausdehnung der Bodenkultur in den Vereinigten

Staaten in westlicher Richtung ein Ziel setzt." — Die metereologischen Beobachtungen bestätigen diese Ansicht. Gleichwohl lese ich in den deutschen Zeitungen Wunderdinge von der Fruchtbarkeit in Dakota, wohin jetzt der Zug der Auswanderung geht. Daß es mehreren großen Farmen, die keine eigentlichen Ansiedlungen bilden, gelungen ist, einige Male viel Getreide zu machen, das ist bedauerlich, weil es ein Köder für tausende armer unglücklicher Familien geworden. Spekulativer Weise wurde die Hauptstadt des neuen Staates Bismarck geheißen, und dort ist jetzt der Mittelpunkt eines großartigen Landschwindels, dem zahlreiche Deutsche zum Opfer fallen.

Weiter südlich ist das Klima nicht viel besser. So berichtet Major Powell über Arizona und New-Mexiko: "Allenthalben in dieser Region sind die täglichen Veränderungen der Temperatur bedeutend, und Fröste kommen so frühzeitig im Herbst vor, daß aus den herbstlichen Regen kein Nutzen gezogen werden kann. Der jährliche Regenfall ist sehr gering, und der verhältnißmäßige Antheil für den Sommer übersteigt selten sieben oder acht Zoll." — Zwar versichern uns bezahlte Federn, daß durch die Zunahme der Bevölkerung der Regen in jenen Territorien zunehmen werde. Allein Major Powell meint: "Der Effekt des Abweidens durch das Vieh erstreckt sich über eine weit größere Oberfläche als der des Ackerbaues. Rindvieh, Schafe und Pferde sind durch alle Thäler und auf allen Bergen umhergewandert. Auf großen Strecken haben sie die einheimischen Grasarten zerstört, überall haben sie dieselben entwerthet. Wo einstmals das Regenwasser in einem Stauwerk von Vegetation verhalten und somit an der Bildung kleiner Bäche verhindert wurde, ist jetzt nur ein offener, durchbrochener Anwuchs von Sträuchern, die kein Hinderniß

darbieten. Wo früher der Herbstschnee auf einen Nichtleiter von mattenartigem Heu fiel und durch allmählige Verdünstung schwand, bis die Sonne ihn schmolz, da fällt er nunmehr auf die nackte Erde, deren Wärme ihn sofort schmilzt."
— Andere Beobachter bestätigen diese Behauptungen. Die Trockenheit in der Luft ist in der Zunahme, der Regenfall in der Abnahme begriffen, die Möglichkeit der Bewässerung geht zurück. Darum bin ich so entschieden gegen die Ausrottung der Wälder in meiner Nähe, schon aus dem Grunde, weil der Werth des Holzes in wenigen Jahren auch bei uns sich steigern muß. Ueber die Waldausrottung schreibe ich auf Deinen speziellen Wunsch im nächsten Briefe ausführlicher.

XIX.

New-Orleans, den 15. Juli 1883.

Sehr anregend für mich war einer Deiner letzten Briefe, in welchem Du die Verschlechterung des europäischen Klima's, von der in den letzten zehn Jahren so häufig die Rede war, auf die Waldausrottung nicht blos in Europa, sondern auch in Amerika zurückführst. Doch hast Du unterlassen, der Erklärung näher zu treten, und hast mich um meine Ansicht gebeten. Ich stimme Deiner Meinung vollständig bei. Die Abholzung in Amerika hält die Feuchtigkeit weniger im Boden fest und bewirkt, daß die atmosphärischen Niederschläge sich anderwärts entladen, wo sie durch die Erdoberfläche besser angezogen werden, auf dem Meere und in den mit Wald noch halbwegs ausreichend bedeckten Ländern Europas. Daß Deutschland, Oesterreich und die Schweiz in den letzten zehn und zwanzig Jahren ganz außergewöhnlich viel von Niederschlägen heimgesucht wurden, erklärt sich sowohl aus jener Thatsache, wie auch daraus, daß in Folge der großen Waldverwüstung Skandinavien, Rußland, Polen und Ungarn eine geringere Anziehungskraft auf die Wolken ausüben, die sich dann in ungewöhnlichem Maße über die noch mehr bewaldeten Gebiete Deutschlands, Oesterreichs und der Schweiz entladen.

Immerhin bewahren die Wälder die Gleichmäßigkeit der Temperatur. Mit der Abholzung tritt die Neigung zu den Extremen ein. Die Erdrinde kühlt sich entweder zu rasch ab oder erhitzt sich zu schnell und zu stark. Daher kommt in Amerika die schreckliche Hitze im Sommer und die gräßliche Kälte im Winter und zwar unter Breitegraden, die in Europa ein durchgehends mildes Klima genießen. Daher kommen nicht blos die furchtbaren Ueberschwemmungen, sondern auch die noch verheerenderen Stürme. Was in Amerika die zerstörenden Schwingungen ober der Erde sind, ganz das gleiche sind in Europa die zerstörenden Schwingungen unter der Erde, die sich gerade in den Gegenden bemerkbar machen, wo die Ausrottung der Wälder einen großen Umfang angenommen hat. Der Mainwinkel bei Frankfurt und Wiesbaden ist der am meisten entwaldete Theil Deutschlands. Dort zeigte sich die Erde wiederholt unruhig. In Graubünden zeigt sich das gleiche. Die Erdbeben in Agram und die tolle Waldverwüstung in Kroatien hängen innig zusammen. Der Vesuv hatte seit urvordenklichen Zeiten nicht geraucht. Als sich die feinen Römer um Neapel ihre Villegiaturen errichteten und alle Wälder rings herum in Weinberge und Städte verwandelten, da brach plötzlich der Sturm unter der Erde los. Dann gingen die vornehmen Römer an die dalmatinische Küste, die Gebirgswälder fielen der „Kultur" und der manchesterlichen Spekulation zum Opfer, da brach der Sturm auf der Erde los und noch heute ertödtet auf jenen Bergen die grausige Bora jede Vegetation.

Es hat in Amerika nicht an Männern gefehlt, welche auf die Folgen der Waldverwüstung aufmerksam machten. So hat General Schurz eindringlich gegen dieselbe gesprochen und geschrieben. George Marsh hat in einem guten Buche „Die Veränderung der Erde durch menschliches Zuthun" die Nothwendigkeit und den Nutzen der Wälder nachgewiesen und kam zu dem Schlusse, daß die physische Entartung der Erde nur durch den Wald gehoben werden könne und daß mindestens ein Viertel des civilisirten Gebietes mit Wald bedeckt sein müßte. In England, einem Küstenlande mit einer Fülle von Kohlen als Brennmaterial und einem feuchten Klima, mag ein geringerer Flächenraum von Waldland wohl hinreichend sein; dagegen in einer Region wie der Nordwesten Amerikas, entfernt von der See, mit geringem Regenfall, heißem, trockenem Klima im Sommer und höchst strenger Kälte im Winter, wo die Kohlen als Brennmaterial mangeln und wo das Vieh während mehr als der Hälfte des Jahres Stallung haben muß, ist die Nothwendigkeit extensiver Waldungen unverkennbar groß. Es fehlt aber dort an solchen, und in den anderen Staaten rottet man dieselben aus und führt so die besser situirten Gegenden dem gleichen Schicksal der Unfruchtbarkeit entgegen wie den Nordwesten. In den Berichten des landwirthschaftlichen Ministeriums vom

Jahre 1879 wird schwere Klage über die Waldverwüstung, die Stürme und die Klimaverschlechterung in Minnesota und Jowa geführt. In Michigan und Jllinois ist das gleiche der Fall. Der Gartenbauverein im Staate Kansas schildert in seinem Bericht, wie durch die Stürme in verschiedenen Gegenden das entwaldete Erdreich in einem einzigen Jahre hinweggeweht wurde. Im Jahre 1881 wurde bei den Verhandlungen des Holzhändlervereins in Chicago dargethan, daß die Waldländer um die fünf großen Seen herum in zehn bis zwölf Jahren völlig erschöpft seien. Der Trost ist der, daß noch im Süden Holz genug sei, — eine ganz unrichtige Behauptung. Die südlichen Staaten enthalten sehr viel Prairie- und Sumpfland. Das Holz wächst allerdings rasch, aber wenn die Region der großen Kälte und Stürme weiter nach Süden vordringt, dann wird dieser Umstand durch jene Berechnungen einen bösen Strich machen. Zudem geht durch die Ansiedlungen viel Holz ungenützt zu Grunde. Dann wird die weite Entfernung vom Norden und Nordwesten das Holz derart vertheuern, daß die dortigen Einwohner den Preis nicht erschwingen können. Endlich wird durch die fortschreitende und ausgedehnte Abholzung im Süden den heißen Winden der Zugang mehr und mehr eröffnet, die Feuchtigkeit der Temperatur vermindert und eine Voraussetzung der pflanzlichen, thierischen und menschlichen Existenzen gekürzt. Ein großes Gebiet Nordamerikas muß der Unkultur verfallen. Denn die einzelnen guten Jahre, die jetzt noch ab und zu den Farmern reiche Ernten bringen, werden ebenfalls ausbleiben. Schon heuer sollen die Aussichten allgemein nicht gut sein.

Die „Atlantic Monthly" (Atlantische Monatsschrift) bringt zahlreiche Belege, wie traurig schon jetzt die Zustände zahlreicher Farmer in Kansas, Illinois und anderen Staaten sind, welches elende Leben viele führen müssen, wie sie vergeblich im Kampfe mit Dürren, Stürmen, Frost, Heuschrecken 2c. sich abmühen. Gedeiht einmal alles im Ueberfluß, so erlöst der Farmer aus seinem Getreide nicht soviel, um die Auslagen bestreiten zu können. Die Viehzüchter haben mit Mangel an Weide, Wasser und Schatten, mit schlechtem Winterfutter und großer Kälte zu kämpfen. Früher, namentlich in den siebziger Jahren, wanderten Hunderttausende von Farmern aus dem Osten nach Westen, weil sie hofften, statt ihrer ausgesogenen Grundstücke eine ergiebigere Heimstätte zu erhalten. Manche dieser Kolonisten sehnen sich jetzt nach dem Osten zurück, wo doch eher Arbeit und Brod zu finden. Die Riesenfarmen im Westen arbeiten mit großem Kapital, mit allen möglichen Maschinen und mit billigen Arbeitskräften, weil sie diese nur kurze Zeit des Jahres gebrauchen. Der kleine Farmer, der wenig Geld besitzt und hohe Schuldenzinse zahlen muß, hat mehr Ausgaben für seine Arbeiter, weil er in Ermangelung von Maschinen diese das ganze Jahr verpflegen und bezahlen muß. Der Großbetrieb sucht schnell Profite zu machen, schindet rücksichtslos das Land aus und hantirt nach dem Grundsatz: „Nach uns die Sündfluth!" Die Großfarmer bilden mit den Eisenbahnkönigen und Handelsfürsten eine Clique, haben billigere Frachten auf den Eisenbahnen und drücken die Getreidepreise der kleinen Farmer unter das Existenzminimum herab.

Der durchschnittliche Lohn eines Arbeiters in den Vereinigten Staaten war schon in dem guten Jahr 1880 auf 1 Dollar per Tag herabgesunken. Seither ist er noch weiter zurückgegangen und beträgt in manchen Staaten nur mehr zwei Drittels Dollar (kaum 3 Mark), etwa so viel als in Chicago für die spärliche Verpflegung eines Stadtarmen ausgegeben wird! In New-York ist es in den Baugewerben, die feste Organisationen haben, noch besser bestellt. Aber in anderen Industrieen steht es schlimm, bei den Spinnern und Webern in Massachusetts und den Kohlengräbern in Pennsylvanien und Illinois ganz unglaublich. Die Zahl der arbeitslosen Land- und Industriearbeiter ist enorm und übersteigt die 200,000 Vagabunden Deutschlands um das fünf- und sechsfache und wächst mit der unaufhörlichen Einwanderung. Die Jahre 1880, 81 und 82 waren für die Landarbeiter besser geworden, weil in Europa schlechte Ernten waren. Doch konnte sich selbst in diesen drei guten Jahren der größte Theil der Farmer nicht zu einem erträglichen Dasein aufschwingen. Aber schon im vorigen Jahre machte sich in Folge der günstigeren Ernteergebnisse eine Ueberproduktion bemerklich, die freilich in diesem Jahre nicht im hohen Grade vorhanden ist. Der Raubbau und das Klima machen sich heuer an vielen Orten in störender Weise geltend. Europa dagegen erzielt nach den Kabeldepeschen eine gute Ernte, wodurch der „Krach" in Amerika befördert wird.

XX.

Im Föhrenwald, den 22. Juli 1883.

Willkommen war mir bei Deiner letzten Sendung der Bericht über die Reichstagsverhandlungen puncto Krankenkaſſengeſetz. Das Geſetz ſelbſt hat ſich manche Anregungen angeeignet, welche Bebel vor etwa acht Jahren in einer Kritik über die Fabrikkrankenkaſſen ausgeſprochen hatte. Jetzt müſſen die Beiträge mit der Sicherheit von Mündel= geldern angelegt werden, die Arbeiter können auch aus= treten, der Herr kann nicht mehr paſchamäßig wirthſchaften, er muß ſich ganz gehörig in die Karten gucken laſſen. Das nenne ich einen Erfolg. Wären die ſozialdemo= kratiſchen Führer das, wofür ſie ſich halten, nämlich poli= tiſche Köpfe, dann würden ſie mit Emphaſe darauf hinge= wieſen haben, daß die Regierung jetzt die Grundſätze acceptirt, welche ſie ſchon vor Jahren vertreten haben. Allerdings ſagen ſie das bezüglich der kaiſerlichen Bot= ſchaften. Allein das ſind allgemeine Redensarten, die nicht mit dem Gewichte auftreten, wie wirkliche Erfolge, wie die wahrhaftigen Verwirklichungen ihrer Reden. Ich begreife die Leute nicht, daß ſie darauf nicht einen Haupt= ton legen. Hätten ſie es bei der Berathung gethan, ſo wären ſie wohl eher in das richtige Fahrwaſſer gekommen. So aber hingen ſie ſich an die Rockſchöße der preußiſchen Fortſchrittspartei und ſuchten durch Annahme des Para= graphen, der die Land= und Forſtarbeiter der Wohlthaten des Geſetzes theilhaftig machen wollte, das ganze Geſetz in den Grund zu bohren. Freilich thaten ſie gut daran, auch anderen als den induſtriellen und kommerziellen Arbeitern die Vortheile des Geſetzes zuwenden zu wollen. Sie mußten das von ihrem Standpunkte aus thun. Doch durften ſie unbeſchadet des Prinzips Unterſcheidungen machen. Wenn man ſagt, die Arbeiter auf dem Lande, die bei Gutsherren im Dienſte ſtehen, ſind vielfach ebenſo ſchlimm daran, als die Arbeiter in den Induſtriebezirken, ſo iſt das bis zu einem gewiſſen Grade richtig. Allein die Landarbeiter haben nicht mit der großen Konkurrenz zu kämpfen wie die Industriearbeiter. Die Ansprüche an das Leben sind nicht die gleichen, die Arbeit ist eine ganz verschiedene, ebenso wie die Luft, die sie athmen. Die Herren Bebel und Liebknecht werden, aufs Gewissen befragt, unter vier Augen selbst gestehen, daß allein wegen der Landarbeiter in Deutschland eine soziale Frage in ihrer heutigen Bedeutung nicht existiren würde. Abgesehen davon handelte es sich um das Zustandekommen eines Gesetzes, das zwar wenig von der versprochenen Sozialreform enthält, aber doch einmal den Grundsatz anerkennt, daß dem arbeitenden Volke in seinen Nöthen von Rechtswegen beigesprungen werden müsse. Der Anfang, wenn auch ein kleiner, ist nach schweren Geburtswehen ans Licht gekommen, es ist eine Basis für die Diskussion und den Weiterbau geschaffen. Einer solchen Thatsache gegenüber durften sich die Sozialdemokraten nicht ablehnend verhalten, weil sie Gefahr laufen, später von den Arbeitern an ihre Haltung erinnert zu werden. Sie durften die schärfste Kritik üben, aber niemals sich an die Rettung der freien Hilfskassen anklammern, die ja doch fallen, wenn entweder die Gemeindeversicherung verallgemeinert oder die fachvereinliche Organisation obligatorisch gemacht wird. Diese beiden Organisationen stehen dem Interesse der Arbeiter näher als der vorübergehende Nothbehelf der freien Hilfskassen.

So lange die Regierung mit den herrschenden Parteien den Forderungen der Arbeiter verneinend gegenüberstand, so lange reichte die verneinende Kritik der sozialdemokratischen Theoretiker und Doktrinäre vollkommen für die Erzielung von Wahlerfolgen aus. Aber mit dem Augenblicke, da die Regierung sich in entschiedenen Gegensatz zum Manchesterthum stellte und mit praktischen Vor=

schlägen zu Gunsten der Arbeiter aufrückte, hatte die bis=
herige Taktik der Sozialdemokraten keine Berechtigung
mehr. Entweder mußten sie dann in das Lager Mosts
übergehen und die Machtfrage auf die Spitze der Dynamit=
patrone stellen oder sie mußten die gebotenen Gesetze nach
Möglichkeit zu verbessern und die Regierung dafür zu ge=
winnen suchen. Da sie aus Gründen der Klugheit das
erste und aus Gewohnheit das zweite nicht wollen, so geht
es ihnen wie jenen Liberalen, die nicht den Muth hatten,
sich offen als Manchesterleute zu bekennen und bei allem
Patriotismus um des kleinlichen und kurzsichtigen Egoismus
willen nicht für die nationale Wirthschaftspolitik eintreten
wollten. Diesem „gemäßigten Fortschritt" entspricht die
„gemäßigte Sozialdemokratie". Die Hoffnung, einmal zur
Herrschaft zu kommen, wird den alten eingerosteten Dok=
trinären und Matadoren der Partei durch das Vorgehen
der Regierung verkümmert. Der Refrain des Liedes: „Es
wär' so schön gewesen, es hat nicht sollen sein" — klingt
ihnen als häßliche Zukunftsmusik in den Ohren. Darum
versuchen sie es weiter mit der Opposition. Die wenigen
Arbeiter, welche mit an der Spitze stehen, lassen ihre
praktische Erfahrung in dem Schwall der Theorieen er=
säufen, welche die fossil gewordenen Demokraten aus den
Erinnerungen des Jahres 1848 in die neue, gänzlich ver=
änderte Situation herüber genommen haben. Nur Herr
Sonnemann von der „Frankfurter Zeitung" macht eine
Ausnahme. Wenn ein Zeitungsverleger sein Zeitungs=
geschäft und die Volksstimmung in Einklang zu setzen
weiß, so ist es dieser Sonnemann. Er ist Demokrat als
Frankfurter, von Haus aus auch etwas Kosmopolit mit
französischen Allüren. Aber die gute Nase, die der Herr
sonst hat! Obwohl seines Zeichens ungläubiger Reform=

jude stand er im Kulturkampfe auf Seiten des Papstthums gegen die deutsche Regierung und nun unterstützt er sachte deren sozialpolitische Vorlagen und fängt nebenbei an, mit der Möglichkeit zu rechnen, daß der Ultramontanismus durch die manchesterlichen Tendenzen verschiedener Centrumsleute bei dem arbeitenden Volke an Boden verlieren werde. Fürwahr, dieser Sonnemann macht eine Ausnahme unter den Bourgeois! Er achtet nicht darauf, wenn ihm jetzt die Sozialdemokraten die Freundschaft kündigen, und er setzt sich sogar in Widerspruch mit seinen Volksparteilern und den „sieben Schwaben", die doch auch im Grunde nichts anderes sind als eine Sektion der manchesterlichen Fortschrittspartei. Daß er dies thut, ist ein Zeichen, daß der schlaue Wetterbeobachter bemerkt hat, es fange ein anderer Luftzug von unten und oben zugleich zu wehen an. Darnach richtet er seine Stellung und Deckung ein. Gewiß, Sonnemann ist ein Politiker, doch wird er es in Süddeutschland, wo er ja den Schwerpunkt seiner Zeitung und Thätigkeit hat, nie zu einer entscheidenden Position bringen, weil er unter dem Banne des Judenhasses steht, der nicht in der Abnahme begriffen zu sein scheint.

Wenn die Sozialdemokraten sagen, es sei dem Herrn Sonnemann nicht ernst mit seinen sozialreformerischen Bestrebungen, so können sie damit nicht verhüllen, daß sie selbst in eine Sackgasse sich verrennen. Ich vermag sie gleichwohl nicht für so thöricht zu halten, daß sie gegen das Krankenkassengesetz gestimmt hätten, wenn die Entscheidung bei ihren Stimmen gelegen wäre. Jetzt konnten sie bei der Fortschrittspartei stehen, und die Opposition gegen die Regierung übt ja auf das partikularistische Bierphilisterium immer eine Zugkraft aus. Die raisonnirende

Michelei grassirt wie eine ewige Krankheit im deutschen Volke und ganz besonders im arbeitenden Volke. Es ist ja gut, daß sich der Mensch ausschimpft. Eine weise Regierung sollte sich hierin den alten Fritz zum Muster nehmen. „Zahlt er gut, dann mag er schimpfen!" Aber diese Untugend oder Tugend kann doch nicht zur Richtschnur für eine Partei werden, welche sich die höchsten idealen Ziele gesetzt hat! Eine solche Partei kann und muß zwar mit den Leidenschaften und Vorurtheilen der Menge rechnen, um agitatorische Erfolge zu erringen. Sobald es sich jedoch um eine staatsmännische Aktion, wie ein erstes Reformgesetz handelt, reicht die Taktik des kleinen politischen Krieges nicht mehr aus. Der Sozialdemokratie fehlt es aber offenbar an einem leitenden staatsklugen Kopfe. - Die alten Parteihäuptlinge sind in ihren Doktrinen und Phrasen alt und verknöchert geworden, die jungen „Führer" sind zu jung oder besitzen nicht jenen weiten, über die Scholle hinausreichenden Blick, noch jene hervorragenden geistigen Fähigkeiten, welche ihnen eine Abweichung von dem bisherigen ausgetretenen Geleise und der abgebrauchten Schablone gestatten. Wohl sind einige recht tüchtige Elemente unter ihnen, die vermöge ihrer genaueren Kenntniß der Bedürfnisse des arbeitenden Volkes einen Schein von der jetzt einzuschlagenden Politik besitzen, aber sie getrauen sich nicht, auf eigene Faust zu handeln.

Die Regierung hat wohlgethan, daß sie den Landarbeiterparagraphen nicht durchdrücken ließ, um die konservative Partei für das Gesetz zu erhalten. Der Paragraph ist jedoch blos vertagt. Mit Hilfe einer anderen Parteikombination wird er zur Annahme gelangen und die Regierung wird dann kaum ein Veto einlegen, zumal wenn die Majorität des Reichstages eine bedeutende ist. Aus

Schadenfreude und „Niederträchtigkeit" werden selbst die Manchestermänner des „Fortschritts" gegen die „Landjunker" für den Artikel stimmen. Mit dieser Wahrscheinlichkeit hätten die Sozialdemokraten kalkuliren sollen. Indem sie das Gesetz schlecht machen, werden sie das Gute daran nicht aus der Welt schaffen. Das Gesetz wird in Kraft treten und wird vielfach Nutzen und Segen stiften. Dessen bin ich überzeugt. Würde es aber Unheil bringen, was ja gar nicht anzunehmen ist, dann wäre es noch immer Zeit gewesen zum Schimpfen. Jetzt blos schimpfen — das ist Biermichelei, aber keine Politik, die diesen Namen verdient. Bei der Unfallversicherung, bezüglich deren Du mich auf dem Laufenden halten wirst, werden sie nun wohl gleichfalls das Heft aus der Hand geben. Grillenberger sagt immer: „Wer nicht mitthut, hat Unrecht." Wenn seine Genossen doch das Wort verstehen möchten! Eitel Verlangen!

XXI.

Im Föhrenwald, den 29. Juli 1883.

Deine Korrespondenz läßt mich selbst bei dieser rabiaten Hitze und nach einer sechstägigen sauren Arbeit nicht zu einer ausgiebigen Sonntagsruhe kommen. Uebrigens sind die Anregungen, die mir Deine Briefe und die übersandten Zeitungen geben, recht wohlthuend in diesem erschlaffenden geilen Klima. Die Unterhaltung, die ich mit Dir auf hunderte von Stunden Entfernung pflege, erfrischt meinen

Geist und zieht mich auf längere Augenblicke ab von quälenden Sorgen. Es ist auch ein ganz eigenthümlicher Genuß, die großen Angelegenheiten der Heimat so ganz aus der Vogelperspektive und ohne mündlichen Gedankenaustausch, den ich hier über solche Dinge, die Dich zunächst interessiren, mit meinen Nachbarn meist nicht pflege oder nicht pflegen kann, zu besprechen und zu beurtheilen. Ich thue dies mit einer Ruhe, Gewissenhaftigkeit und Objektivität, die mir zu Hause kaum bekannt war. Beim Nachdenken leitet mich ein Pflichtbewußtsein, als ob ich nicht blos zu Dir, sondern zu meinem ganzen Volke sprechen würde. Und Du bestärkst mich darin, indem Du immer wiederholst, daß meine Meinungsäußerungen für Dich und Deine Studien von dem allergrößten Werthe seien. Das ist viel Lob für mich bescheidenen Farmer, ich lehne es auch ab, schreibe indessen munter fort, weil es Dir Vergnügen und mir Freude macht.

In Deinem jüngsten Briefe vom 27. Juni zeichnest Du einige Glossen zu dem Krankenkassengesetz, das ich in meinem letzten Briefe erwähnte. Du sagst, daß darin das System der Abwälzung auf den breiten Rücken des arbeitenden Volkes abermals sanktionirt worden sei. Dieses System habe die Sozialdemokratie von jeher bekämpft, darum sei sie auch gegen die Ausdehnung der indirekten Steuern, gegen die Erhöhung der Zölle auf Lebensmittel u. s. w. Dieses System sei verwerflich und darum hätten die Sozialdemokraten Recht gethan, das Gesetz zu bekämpfen. Vorsorglich fügst Du noch bei, daß Du noch keine Zeit gefunden, die Verhandlungen des Reichstages ausführlich zu lesen. Ich habe sie gelesen, wie ich überhaupt alles lese, was Du mir sendest. Nun kann ich Dir sagen, daß Deine Ansicht falsch ist, falsch ist deßwegen, da die Sozialdemokraten nur aus dem sichtbaren Beweggrunde gegen das

Gesetz votirt haben, weil dasselbe dem freien Kassenwesen und somit ihrer agitatorischen Thätigkeit keinen weiten Spielraum zu eröffnen schien. Die „gemäßigte" Sozialdemokratie ist hierin beinahe eine Copie des „gemäßigten" Fortschrittlerthums. Auch dieses wird für den Zwang bei der Unfallversicherung votiren, wenn nur das Geschäft und der Einfluß ihren Leuten bei den Versicherungs-Gesellschaften verbleibt. Aehnlich halten es die Sozialdemokraten bei dem Krankenkassengesetz. Für den Zwang sind sie, doch soll i h n e n der Einfluß auf die Kassen und deren Mitglieder gewahrt werden. Und das streben Männer an, welche die ideale Politik gepachtet haben.

Hätte der Gesetzentwurf die Bestimmung enthalten: „Jeder Arbeitgeber ist verpflichtet, für seine Arbeiter in die Gemeindekrankenkasse zu zahlen" — so hätten wir die Sozialdemokraten trotz des von ihnen tausendmal verurtheilten Abwälzungssystems auf Seiten der Opposition gesehen. „Zum Teufel ist der Spiritus sammt dem Prinzip, das Phlegma und der Egoismus sind geblieben!" Wie haben doch die Herren vom „Volksstaat" den Doktor Max Hirsch und dessen fortschrittliche Freunde angegriffen und denselben den Vorwurf gemacht, daß sie nur aus Egoismus die Erhaltung der „Gewerkvereine" betreiben! Du selbst schreibst mir, daß die Sozialdemokraten unter der Hand die Centrumspartei verdächtigen, dieselbe werde nie für eine durchgreifende Arbeiter-Organisation und Arbeiter-Versicherung sein, weil dadurch der Bestand der katholischen Gesellenvereine in Frage gestellt sein würde. Die Angst um den Einfluß bestimmt Fortschritt, Centrum und Sozialdemokratie, der Regierung die größten Hindernisse in der Sozialreform zu bereiten. Aus den drei Lagern hört man fortwährend den Ruf ertönen, daß es der Regierung gar nicht ernst sei mit der Reform. Wäre dies wirklich der Fall, dann würden die kleinen Hoffnungsexcellenzen nicht sammt und sonders die Verdächtigung der Regierung als Mittel zur Hintertreibung der besten Vorschläge wählen. Oder war die Unfallversicherung ein schlechter Vorschlag? Gleichwohl wird von den Manchestermannen und deren Trabanten daran herumgenagt, daß schließlich nur ein unansehnliches Knöchlein übrig bleibt, welches sie als ungenießbar der Regierung vor die Füße werfen.

Das Krankenkassengesetz ist lediglich aus dem Grunde durchgegangen, weil die Parteien doch irgend etwas thun mußten, was einem sozialreformerischen Gedanken von ferne ähnlich sah. Auch brachten sie so viele Klauseln und Kautelen an, daß sie wähnten, der Regierung werde damit für etwaige weitergehende Versuche ein Riegel gestoßen. Wie thöricht doch die Menschen sind! Als ob bei Lösung einer weltbewegenden Frage das kleine a nicht auch das große A nach sich ziehen würde! Indem die konservativen und liberalen Parteien aus Furcht vor den sozialdemokratischen Hilfskassen den Gemeinden das Recht verliehen, Gemeindeversicherung oder Ortskrankenkassen einzuführen, haben sie das System der „Abwälzung" gebrochen und einen Theil der administrativen und finanziellen Last den Arbeitern abnehmen helfen. Wenn die Regierung und die Gemeinden vernünftig sind, werden sie schon wegen der alten und kränklichen Arbeiter, welche in keiner freien Kasse Aufnahme finden und also nach dem Gesetz von den Gemeinden entschädigt werden müssen, die Gemeindeversicherung oder Ortskrankenkassen, die ihrer Kontrolle unterstehen, einführen. Da das Gesetz für diese beiden Arten der Krankenversicherung die Bestimmung getroffen hat, daß die Meister und Unternehmer für ihre Mitglieder ein

Drittel des Beitrages zahlen müssen, so werden sie dadurch mehr Zugkraft und Gewähr als die freien Kassen bieten, denen jener Drittelsbeitrag nicht garantirt ist. Die Selbstverwaltung und die Erziehung zu dieser Selbstverwaltung verdienen freilich alle Anerkennung, nur sind die Kosten derselben augenblicklich noch so hoch, daß die Arbeitervereine darunter oft schwer laboriren. Die Arbeiter können also auf den Luxus der vielen Unterschlagungen, Betrügereien und Unordnungen, welche bei den freien Kassen nur zu häufig vorkommen, um so leichter verzichten, als ihnen in den Ortskassen die Theilnahme an der Verwaltung gesichert ist. Ein großer Vorzug, den manche freie Hilfskassen besitzen — die Freizügigkeit —, wird den Gemeinde- oder Ortskrankenkassen ebenfalls zugeeignet werden können. Wenn dieselben nur erst einmal allenthalben eingeführt sind, wird die Freizügigkeit der Mitglieder leichter als auf andere Weise allgemeine Norm werden können und werden müssen. Die Verallgemeinerung der Gemeinde- und Ortskrankenkassen ist auch der Weg, um den reisenden und arbeitslosen Mitgliedern, welche keine oder nicht die vollen Beiträge zahlen können, gleichfalls eine menschenwürdige Unterstützung zu Theil werden zu lassen.

Auf den Gemeinde- oder einem System der Ortskrankenkassen könnte füglich auch die Unfallversicherung und Altersversorgung aufgebaut werden. Die Beitrittspflicht sollte auch hier für alle Arbeiter als gesetzlicher Zwang statuirt werden, nur müßte dieselbe nach den verschiedenen Gefahrenklassen in verschiedene Abstufungen gebracht werden. Die Statistik gäbe die nöthigen Aufklärungen an die Hand. Um indessen die Aufmerksamkeit der Unternehmer auf das Leben und die geraden Glieder der Arbeiter zu verschärfen, müßten sie den Beitrag zur Unfallversicherungskasse selbst tragen. Als überwachende und mithelfende Beiräthe müßten dann überall Fachvereine organisirt werden, denen nach französischem Vorbilde Korporationsrechte verliehen werden sollten, um ihnen mehr Halt und Autorität zu geben und dem Bedürfniß nach Vereinigung, Disziplinirung und Unterstützung der Arbeiter in allen beruflichen Angelegenheiten zu entsprechen. Diesen neuen Organisationen, denen das Recht der Selbstverwaltung und Coalition eingeräumt werden dürfte, könnten die Viatikumskassen sowie die Gewerbestatistik anvertraut werden. Ihr Wirkungskreis wäre sonach auch ohne die Verwaltung der Kranken-, Unfall- und Alterversorgungskassen immer noch ein so ausgedehnter, daß ihnen genug zu thun bliebe. Ich schmeichle mir mit dem Gedanken, daß die Reform nothwendig in dieser Richtung sich bewegen muß, wenn sie zu einem Ziele gelangen will, namentlich wenn das Ziel die endliche Ueberleitung der gesammten Kassenverwaltung in das g e s ch u l t e Selfgovernment der über das ganze Reich ausgedehnten obligatorischen Fachvereinsverbände sein soll.

XXII.

New-Orleans, den 5. August 1883.

Nach kurzem Aufenthalte auf meinem Heim bin ich seit vier Tagen wieder hier, um bei Montirung einer neuen Maschine behilflich zu sein. Nächster Tage, wenn diese in Gang kommt, werde ich wieder nach Hause gehen, um bald hierher zurückzukehren, da mich der Fabrikant bei größeren

Montirungs= und Installationsarbeiten von jetzt ab öfters
zu verwenden gedenkt. Das kann mir nur recht sein, weil
längere Zwischenpausen abfallen, die mir gestatten, meiner
Farm obzuliegen, und weil anderseits mehr Kleingeld in
die Hütte kommt. Es thut mir wohl, daß ich als Bauern=
junge von der Feldarbeit etwas verstehe und daß ich dazu
eine tüchtige industrielle Hantirung gelernt habe. So wird
es eher möglich, mir eine feste Heimstätte zu gründen und
mit der Aussicht auf Besserung meiner prekären Lage zu
arbeiten, ja sogar — Du siehst, wie der arme Teufel schnell
üppig wird — mit der Aussicht, dereinst mit einem Sack
voll Geld nach Bayern zurückzukehren und dort mit Dir im
Schatten des Maximilianskellers in aller Stille und behag=
licher Zurückgezogenheit über die Thorheit der Deutschen
nachzudenken, welche sich über den Unterschied zwischen
Monarchie und Republik heftig herumzanken und sich in
unversöhnliche Parteilager scheiden. Auch ich war ein eifriger
Republikaner. Wenn ich aber jetzt einen Yankee über die
alleinseligmachenden Vorzüge der Republik maulen höre,
dann wird es mir beinahe übel und ich summe in Ge=
danken den Vers aus dem Zwerg Perkeo vor mich hin:
„Um lederne Ideen kämpft man manch' heißen Kampf, es
ist im Grund doch alles nur Nebel, Rauch und Dampf.
Die Wahrheit liegt im Weine" — aber leider habe ich
noch keinen Wein. Ich wäre schon mit Bier zufrieden,
mit Nachbier meinetwegen, aber mein Maßkrug, den ich
herüber gerettet, steht mit Spinnweben überzogen gar traurig
in der Ecke. Zumeist trinke ich aus der hohlen Hand wie
weiland Diogenes, dieses Vorbild des bedürfnißlosen, bettel=
armen Farmers, der mit seinem federleichten Gepäcke schon
morgen in aller Frühe seine „Heimstätte" verläßt, wenn er
heute Abend einen Käufer findet, der ihm nur ein Stück

seiner im kultivirten Boden kapitalisirten Arbeitskraft vergütet.

Freilich, die „Freiheit", die wir genießen, ist auch in Anschlag zu bringen. „Freiheit, dir lebe ich, Freiheit, dir sterbe ich, Freiheit, dein bin ich todt und lebendig, Amen!" Das ist mein tägliches Stoßgebetlein, wenn der Magen zu murren anfängt. Ja, die Freiheit! Was sich die guten Deutschen darunter alles Schöne vorstellen! Sage darum vor Allem dem „Compagnon", den Du mir zusenden willst, er möge sich mit einem guten Schießgewehr und Revolver versehen und mir einen solchen mitbringen, damit ich ein Paar habe. Das Gewehr braucht man zur Jagd, den Revolver und das Gewehr zur Vertheidigung gegen „unvorhergesehene Fälle". Im Uebrigen leben wir in der Freiheit und dem Vollgenuß der friedlichen Kulturarbeit. In Anbetracht dessen möge sich mein künftiger Nachbar und Bundesgenosse mit Werkzeugen aller Art, Hobeln, Sägen, Stemmeisen, mehreren tausend ganzen und halben Bretternägeln, Drahtstiften, Schindelnägeln, einigen hundert Schloß- und geschmiedeten Bandnägeln, mehreren stählernen Hämmern (bis zu 3 Pfund), einigen Beißzangen, Raspeln, Feilen, einem halben Dutzend rechten und linken Thürschlössern mit Drückern und dazu gehörigen Fischbändern versehen. Die Schloßnägel soll er von Hause mitnehmen, die Drahtstiften am Einschiffungsorte kaufen. All das ist hier zu Lande schlecht und theuer. Desgleichen soll er blecherne emaillirte Kochgeschirre und Schüsseln, Wollengarn und leinenen Zwirn, wollene Hemden für den Winter, Tischtücher, Handtücher, Eßbestecke, Löffel, Betten und wollene Decken, aber nur gute und keine baumwollene Waare, mitbringen. Die Messer mache ich selbst, das ist eine Spezialität von mir, auf die ich nicht wenig stolz bin. Weißblechwaaren und Stiefel sind hier ausnahmsweise gut und billiger als im Norden, wo sie meist sehr kostspielig, wenn auch feiner sind. Die Kleidung soll hell und leicht sein; das genügt in Louisiana für den Winter. Hat der gute Freund halb erwachsene oder größere Kinder, so kommt ihm das sehr zu Statten. Will er eine Wirthschaft einrichten, so muß er eine tüchtige Frau haben, die sich auf das Kochen und Haushalten versteht, dazu eine artige Summe Geldes und eine Anzahl von schönen Halbgläsern und Steinkrügen mit altdeutschem, groteskem Zinnbeschläg. Diese Gegenstände muß er mit Rücksicht auf den Zoll waschen, überhaupt allem den Anschein geben, als ob es schon im Gebrauch gewesen wäre.

Die Reise von Bremen bis New-Orleans kostet 160 Mark. Ueber den Winter geht alle vier Wochen ein Schiff. Von Havre geht alle vierzehn Tage eines, das kostet 200 Francs. Die Verpflegung auf den französischen Schiffen ist im Allgemeinen besser; auch nimmt man es mit dem Gepäck nicht so genau wie auf den Bremer Schiffen, wo jeder Zoll ausgemessen wird. Die Ozeanreise dauert 19—21 Tage. Ueber New-York ist die Seereise etwa um die Hälfte kürzer, aber die Plackerei ist viel ärger; die Landreise macht viel mehr Beschwerde und kommt viel theurer. Für die Reise muß man sich mit gebranntem Kaffee, Kaffeemühle, Zucker, kondensirter Milch, Schnaps, Eiern, Chocolade, Schinken, Käse, Citronen, guten Würsten, Essig, Oel, Zwiebel, Pfeffer, Eßgeschirr und was man sonst noch gerne hat und mitschleppen kann, ausrüsten. Bei Bremer Dampfern ist das geradezu unentbehrlich, wenn man nicht hungern oder krank werden will. Ferner muß man sehen, daß man im Hintertheil des Schiffes unterkommt, im sogenannten Familientheil geht es viel ruhiger her. So lange als es das Wetter erlaubt, soll man auf Deck bleiben. Die ersten

Tage muß man mäßig essen und trinken. Das Impfen
ist beharrlich zu verweigern. Machen die Behörden bei
der Landung Schwierigkeiten, so gehe man angeblich nach
Mexiko oder sonstwohin. Für diesen Fall ist auch ein nach
Mexiko lautender Paß mitzunehmen, kostet ja blos 70 Pf.
Auf den Schiffen wird mitunter auch gestohlen, weßhalb
nicht alle Vorsicht außer Acht zu lassen ist. Geht man
von einem französischen Hafen ab, so sind die Waffen gut
zu verpacken, weil Niemand bewaffnet Frankreichs Grenze
überschreiten soll. Kisten und Koffer müssen sehr fest sein,
weil sie unglaublich rücksichtslos herumgeworfen werden.
Noch habe ich vergessen, daß mein künftiger Nachbar auch
Fensterbeschläge mit Scheinhacken und Fenstertrieben, Knöpfe
zum Durchstecken, hanfenen Zwirn, Nähnadeln, Barometer,
Thermometer, Kompaß, Briefpapier, Hängematten von Bind=
faden und Zündhölzer mitbringen soll, lauter Dinge, die
hier rasend theuer sind.

Noch etwas! Für den Fall, daß mein guter Freund
eine Wirthschaft aufthun will, möge er meine junge Base
mitnehmen, die in New=Orleans die englische Sprache und
Küche erlernen soll. Ohne Englisch kann man hier keine
rentable Wirthschaft für die Stadtherrschaften führen. Mit
Französisch allein kommt man außer Europa nicht weit.
Obwohl das Land hier früher zu Frankreich gehörte,
spricht doch alles englisch.

Das ist mein Rath. Des Menschen Wille ist sein
Himmelreich, darum möge meinem Landsmann der Himmel
in Lousiana beschieden sein. Dünkt ihm aber der zu warm
— übrigens ist die Hitze im Norden viel toller, ganz ab=
gesehen von der uns unbekannten wahnsinnigen Kälte —,
nun, so möge er nach Oregon oder dem Territorium
Washington ganz oben im Nordwesten gehen, dort gibt es

noch Land genug umsonst. Ueberall ist der gleiche Weg zur Unterwelt. Freilich ist nicht überall ein guter Nachbar, ein ehrlicher Berather, ein zuverlässiger Genosse, ein erträglliches Heim. Den Werth des Vaterlandes lernt man erst schätzen, wenn man es nicht mehr hat. Es geht einem damit wie mit einer zweiten Frau, wenn man die erste verloren. Doch die Zeit heilt alle Schmerzen und Enttäuschungen. Sicher ist, daß man es hier mit rastloser Arbeit noch zu etwas bringen kann und dann schätzt man das mit harter Arbeit Erworbene und den selbst gebauten Kohl unendlich höher als die mit weniger Mühe erworbenen Besitzthümer und Eßwaaren. Die Zufriedenheit ist eine Tugend, die man am besten lernt, indem man aus eigener Erfahrung die Mühen des Lebens durch Vergleiche da und dort, hüben und drüben kosten und abwägen lernt. Der richtige Mann weiß aber auch hiefür dem Schicksal nur Dank. Die Hauptsache ist: Niemals die Ohren hängen lassen, dann geht es mit der Hoffnung vorwärts.

XXIII.

Im Föhrenwald, den 12. August 1883.

In meinem letzten Briefe habe ich noch etwas Wichtiges vergessen. Kann man denn bei euch nicht Stachel- und Johannisbeerensaamen bekommen? Wenn ja, dann schicke mir eine Kollektion von solchen als Muster ohne Werth, ich will damit einen Versuch machen. Unbedingt nöthig hätte ich guten Sellerie- und Petersiliensaamen.

Die hier eingebürgerte Petersilie hat dieselben Blätter wie bei euch, aber keine Wurzel, und der Sellerie wächst fataler Weise ohne „Kopf". Vielleicht ist daran der Saamen schuld. Bei euch kaufen bekanntlich die Bauern Saamengetreide und Saamenkartoffel aus anderen Gegenden, weil sie aus Erfahrung wissen, daß der Boden nicht blos einen Wechsel der Kultur, sondern sogar der Frucht verlangt. Das heißt: Die Ernte wird ergiebiger, wenn man nicht fortwährend das eigene Getreide 2c. zum Säen verwendet. Unsere Farmer beachten dies gar nicht oder viel zu wenig. Der aufgebrochene Boden gibt im ersten Jahre gute Frucht, also wird mit dem vorhandenen Saamen fortgeleiert, bis der Weizen kaum mehr zum Hühnerfutter taugt. Mit den Kartoffeln, den Rüben, dem Kraut und Gemüse ist es ebenso. Die Kartoffeln haben darum in New=York einen horrenden Preis, freilich ist daran auch das Klima und der Boden Schuld. So kommt es, daß Deutschland Kartoffel und Kraut in großen Mengen nach Amerika schafft. Sonderbar das, zumal die Kartoffel aus Amerika nach Europa kam! Doch überlege ich alles genau, so wird mir das klar. Das Klima hat sich seit zweihundert Jahren entschieden verschlechtert. Die Herrschaft des Manchesterthums macht den Wäldern und den von der Natur geschaffenen Wasserreservoirs den Garaus. Es ist immer die alte Geschichte. Entweder ist es auf einmal zu kalt oder zu heiß, zu naß oder zu trocken. Das wird je länger, je schlimmer. Darum suche ich meine Nachbarn mit aller Kraft der Ueberredung von der Ausrottungsmanie zu bewahren.

Du hast mich auch in einem Briefe auf eine Stelle in Hellwalds Kulturgeschichte aufmerksam gemacht. Darnach sei die Gestaltung des amerikanischen Kontinents selbst ohne die Waldverwüstung für die Extreme der Witterung wie geschaffen. Die hohen Gebirge, die von Norden nach Süden ziehen, liegen zu nahe an der westlichen Küste und halten die milden, feuchten Winde zurück. Von Norden kann der kalte Wind in der ganzen Breite des Kontinents schutzlos herein und zu allem Ueberfluß wird das nördliche Eismeer, durch den skandinavischen Querriegel, der Europa schützt, gerade auf das östliche amerikanische Ufer zu hingedrängt, während die Wohlthat des Golfstromes wieder Europa zu Statten kommt. Nicht genug wird Amerika gegen Süden zu schmäler, Europa dagegen verbreitert sich und faßt die warmen Winde Afrikas ebenso auf wie die feuchten Winde vom atlantischen Ozean her. Die Gliederung der Kontinente und die Richtung der Gebirge bestimmen den verschiedenen Charakter des Klimas. In Europa ist mehr Ausgleich zwischen den kalten, trockenen, warmen und feuchten Luftbewegungen, daher die gleichmäßigere und erträglichere Temperatur. Die Neigung des amerikanischen Klimas zu den Extremen prägt auch dem Volke seinen eigenthümlichen Charakter auf. Der rasche Wechsel zwischen hastendem Eifer und gähnendem Phlegma, Unruhe und Erschlaffung, Nervosität und Abgespanntheit, innere Roheit und äußere Höflichkeit finden sich als unzertrennbare Erbübel in dem ächten Amerikaner neben einander.

Die Ansicht Hellwalds hat mir schon viel Nachdenken verursacht. Wenn er meint, die amerikanische Menschheit degenerire, sie gehe rückwärts und entarte körperlich und geistig, so scheint mir der gelehrte Naturforscher nicht ganz Unrecht zu haben. Die Yankees, die doch von englischen Rundköpfen und dickköpfigen Deutschen abstammen, haben alle eine Gesichtsbildung, die mehr an die indianische als an die kaukasische Rasse erinnert. Auch sieht ein Yankee so aus wie der andere, gerade wie ein Indianer dem anderen gleich sieht. Die Verschiedenheit der Physiognomieen ist eine ganz besondere Eigenthümlichkeit der kaukasischen Rasse in Europa. In der Uebereinstimmung der Physiognomieen bei den Yankees finde ich den Niedergang der Rasse, den Rückschritt zur Gleichmäßigkeit einer minderen Geistes= und Kulturstufe. Die veredelten Pferderassen zeichnen sich durch die Verschiedenheit ihrer Farbe, Kopfbildung u. dgl. aus. Bei anderen veredelten Thiergattungen bemerken wir ähnliches, so beim Rindvieh und dem Hunde. Das erstere verbüffelt in Amerika, der zweite verliert seine Stimme. Selbst die Spatzen degeneriren, man hat sie eingeführt, damit sie sich ebenso nützlich machen sollten wie in Europa, aber o weh! Der amerikanische Charakter ist auch auf sie übergegangen: sie verlegen sich nur auf den Diebstahl und Raub, betreiben denselben im Großen und verdrehen dazu die Augen.

Mit den Pflanzen scheint es sich ähnlich zu verhalten. Alles europäische Unkraut gedeiht hier in wunderbarer Ueppigkeit und Mannigfaltigkeit. Dagegen liefert der von Europa hieher verpflanzte Weizen ein Mehl, das keinen Kleber hat. Es fehlt also der Proteïnstoff, das Eiweiß, das Bindemittel, das dem Brode nicht blos ein besseres Ansehen, sondern auch einen anderen Geschmack, einen vorzüglicheren Gehalt und eine bessere Verdauungsfähigkeit gibt. Unsere süddeutschen Hausfrauen, die sich nicht wenig auf die Kunst, Fastenspeisen zu kochen, zu gute thun, haben ihre liebe Noth mit dem amerikanischen Mehl. Das ist die reine Stärke, die reine Pappe. Um einen halbwegs ordentlichen Teig zu Stande zu bringen, müssen sie zu mehr Eiern und zu allen erdenklichen Kunstgriffen und

Surrogaten ihre Zuflucht nehmen. Freilich wollen uns
die amerikanischen Gelehrten und Spekulanten weiß machen,
die Stärke sei die eigentliche Nahrung und das Zeichen
des unausgebauten, jungfräulichen Bodens. Alle Farmer
schütteln aber zu solchem Firniß die Köpfe und verweisen
unter vier Augen auf die längst kultivirten Ländereien,
die nach jahrelangem Raubbau und nachheriger Düngung
gleichfalls noch keinen kleberhaltigen Weizen zu erzeugen
vermögen. Einen Weizen oder Gerste, die der russischen,
rumänischen, deutschen und ungarischen Frucht gleichkäme,
sieht man in Amerika überhaupt nur selten; es ist meist
dickselliges Kleinzeug. Die Gerste hat nicht den Gehalt
und das Aroma wie die bayerische Gerste, und mit dem
amerikanischen Hopfen steht es noch schlimmer. Das
daraus gebraute Bier hat einen eigenthümlichen Geschmack
und berauscht mehr als es erquickt und nährt.

Mit dem Wein geht es auch nicht zum besten. In
Kalifornien, Missouri und Ohio verlegen sich viele kleine
Farmer auf die Rebenpflanzung, was ihnen noch eher die
Möglichkeit der Erhaltung und des Gedeihens bietet als
der Getreidebau, der im Verhältniß zur Größe der ein=
heimischen Bevölkerung und des ausländischen Bedarfes zu
übersetzt und durch die Spekulation zu stark gedrückt ist.
Der Wein verträgt auch hier die theueren Eisenbahn=
frachten eher, weil der von Europa eingeführte Wein sehr
hoch im Preise steht. Da zudem die Fälschungen des
Weines allenthalben sehr im Schwunge sind, so suchen
Wirthe und auch Private den Landwein, obschon dessen
Geschmack und Gehalt den guten deutschen, französischen
und ungarischen Weinen nicht gleich kommt. Auch leidet
der Weinbau unter den Folgen der Klimaverschlechterung
sowie der Raubkultur, welche uns wie für die Kartoffel

den Coloradokäfer, so für die Rebe die Phyllogera gebracht hat. Der in Louisiana angebaute Wein übertrifft an Aroma den besten Wein Kaliforniens, doch wird das auch nur so lange vorhalten als der Wald nicht devastirt wird. Größere Ausdehnung als der Weinbau hat die Obstbaumpflanzung genommen, namentlich in Minnesota und anderen Staaten im Norden. Freilich fehlt es auch hier an dem feinen Geschmack der guten europäischen Obstsorten. Aehnliches behauptet man von den Orangen, die in Kalifornien wachsen. Die Eisenbahn verlangt für eine Wagenladung Orangen nach dem Osten 350 Dollars, jetzt 250 Dollars! Dabei kann natürlich der Farmer nicht bestehen, er muß die Orangen verfaulen lassen. Der Panamakanal eröffnet indessen einige Hoffnungen, aber wie langsam geht das vorwärts!

Noch denke ich an Petersilie und Sellerie. Sollten auch diese Pflanzen hier zur Degeneration verurtheilt sein, gleich dem Rettig?! Ich will also einige ernstliche und gewissenhafte Versuche mit neuem Saamen machen und es weder an passendem Erdreich, noch an sorgfältiger Pflege fehlen lassen. Wenn aber die wiederholten Versuche fehlschlagen, dann glaube ich baumfest an die degenerirende Eigenschaft des amerikanischen Klima's. Ich bin übrigens mit diesem Kapitel noch nicht fertig und werde auf Deinen geäußerten Wunsch noch einen anderen Punkt zu berühren haben.

XXIV.

Im Föhrenwald, den 19. August 1883.

Ein Nachbar bringt mir aus der Stadt die New-Yorker Handelszeitung mit und will mich nicht wenig stolz machen, indem er unter Hinweis auf einen Artikel über die bevorstehende Eröffnung der nördlichen Pazificbahn erklärt, das große Werk sei landsmännisch-bayerisches Verdienst. Ein Pfälzer, Namens Henry Villard, sei an der Spitze des Unternehmens gestanden und werde nun in Anwesenheit von hervorragenden Gästen aus Deutschland, zu denen selbstverständlich auch der große Lasker stoßen wird, die Eröffnung im großen Stile feiern. Respekt vor den Pionieren, die ohne Wege und Stege, ohne Wegweiser und Karten einen neuen Weg vom atlantischen zum Stillen Ozean durch unwirthliche Gegenden bahnten. Aber warum sollen wir darum die Amerikaner als die hervorragendsten Repräsentanten kühner Technik feiern? Die Russen schieben ihre Eisenbahnen tief hinein nach Asien vor und von diesen für die Civilisation und Politik weit interessanteren und vielfach ebenso schwierigen Pfaden finden sich in den Zeitungen nur ganz verlorene Notizen. Die Amerikaner dagegen machen von ihren Unternehmungen ein Geschrei, als ob so etwas noch nie und nirgends dagewesen sei. Alle Achtung übrigens vor meinem verehrlichen Landsmann Henry Villard, den ich persönlich zu kennen nicht die Ehre habe. Aus den von Dir übersandten Zeitungen ersehe ich nur, daß er einige Stiftungen in seine pfälzische Heimatprovinz gemacht hat. Das ist recht hübsch von dem Manne, daß er durch solche Schenkungen anerkennt, der große Besitz habe auch große Pflichten. Uebrigens brauchen unsere guten Landsleute keine Sorge zu haben, daß ihm die Geschenke und Freigastereien, die Herr Villard gibt, nicht Zinsen tragen werden. Die Nordpacificbahn, so einfach und leicht sie gebaut ist, hat bereits vierhundert Millionen Mark verschlungen. Nun wird sie dem Betriebe übergeben. Die Zeitungen rühren die vergoldeten Trommeln. Herr Villard selbst sorgt dafür, daß sein Name hüben und drüben gefeiert werde. Mit den deutschen Zeitungen thut er die Sache kürzer ab als mit den amerikanischen. Er macht Schenkungen an arme Gemeinden und Einladungen an reiche Herren und macht also von sich als dem großen, gescheidten, berühmten und freigebigen Millionär reden. Das alles kostet Geld, aber lange nicht soviel Geld und Mühe, als wenn er die amerikanische Presse für seine neuen Unternehmungen und Finanzoperationen gewinnen müßte. Firniß, nichts als Firniß! Sind alle Rollen ausgetheilt, alles wohl bestellt und eingeseift, dann kann der „dumme deutsche Hausknecht" barbiert werden. Neues Geld braucht man, die Papierchen sollen höheren Kurs bekommen, man will sie abschieben und in Deutschland unterbringen — das ist des Pudels Kern, das übrige kannst Du Dir selbst dazu zeichnen und malen.

Doch ich komme nochmals auf die Petersilienfrage zurück, die für mich sozusagen eine Lebensfrage ist. Denn sie hängt mit der Verwirklichung des Planes auf's Engste zusammen, einen Theil meines Gutes als Gemüsefeld anzulegen. Gemüse ist in Amerika ein theurer Artikel, ganz besonders im Norden. Dazu ist das Gemüse rauh und hat lange nicht den Wohlgeschmack, wie z. B. das

Bamberger und Würzburger Gemüse. Es ist mit dem Obst genau so. Birnen und Aepfel gibt es in den größten Exemplaren, man pflanzt in einigen Staaten viele Obstbäume, das Obst ist auch in New-York, Boston 2c. nicht theuer, aber es ist nicht das feine deutsche oder französische Obst. Die Weintrauben sind meist dickfellig und an Güte kommen sie nicht entfernt den fränkischen und pfälzischen Sorten gleich. Sie sind nicht so rezent, sie erfrischen und regen nicht an wie eine Traube aus dem Rheingau. Die aus Deutschland, Frankreich und Italien importirten Reben kommen entweder nicht fort oder sie entarten. Die amerikanischen Reben sind sozusagen gröber. Auch die Bastarde, die Mischlinge von Amerikanern und Europäern vermögen den amerikanischen Charakter und Geschmack nicht abzustreifen: sie neigen sich immer zur Einförmigkeit der Wildlinge und der Wein schmeckt nach der phosphorarmen Erde. Der gute deutsche Wein erregt die Heiterkeit und den Humor, weckt den Witz und Geist, gibt Gedanken und Ideen. Der amerikanische Wein macht dumm und blöd, entgeistigt und verroht. Das nervöse Klima trägt allerdings seinen Theil dazu bei, daß der Genuß geistiger Getränke in Amerika mehr allgemein sichtbare und schädliche Wirkungen hervorbringt als in Deutschland. Die Temperenzlervereine, welche den Mitgliedern den Genuß von Spirituosen untersagen, konnten darum nur in Amerika eine so große Ausdehnung gewinnen.

Jetzt nochmals zurück zur Petersilie! In New-York und anderen Städten des Nordens kommt die Petersilie mit ganz großen Wurzeln auf den Markt. Bei uns schießt sie ins Kraut, dort auch in die Wurzel. Aber diese großstämmige Pflanze ist keine deutsche Petersilie mit ihrem wunderbaren Aroma und wohlthätigen Eigenschaften. Von verschiedenen Farmern erfuhr ich, daß sie zwar europäischen Saamen verwendet hätten, aber daß ihnen die Pflanzung nicht nach Wunsch gedieh. Außer dem Klima scheint der Boden nicht für die europäischen Kulturgewächse hinreichend geeignet zu sein. Das Unkraut und alles, was sich der Wildheit und Unkultur nähert, prosperirt dagegen in unglaublicher Hülle und Fülle. Alles Andere, Mensch, Vieh und Pflanze, amerikanisirt sich nach längerer oder kürzerer Zeit. In Europa dagegen wird amerikanisches Gewächs — so die Kartoffel — besser und feiner. Mit den amerikanischen Reben, die jetzt massenhaft nach Europa gehen, wird sich der gleiche Prozeß vollziehen. Das Holz, die Triebe, Blätter und Früchte der amerikanischen Rebe sind gröber und gegen Pilze, Insekten und derlei Feinde widerstandsfähiger. Deßwegen überträgt man sie nach Europa, wo jetzt die amerikanischen Parasiten und Seuchenstoffe in Weinbergen und Aeckern ihre angeborne Kulturfeindlichkeit im großen Maßstab betreiben. Die Ersetzung der europäischen durch amerikanische Reben wird zweifellos den Verheerungen der Läuse und Pilze Eintrag thun, auch dann, wenn die importirten Reben sich der europäischen Kulturfähigkeit anschmiegen und entsprechende Veränderungen eingehen. Das bewirkt der Wechsel in der Pflanzung. Die Natur verlangt Abwechslung in ihren Trachten und Organismen. Ob die Pflanzen sich auf geschlechtlichem oder ungeschlechtlichem Wege fortpflanzen, macht dabei nichts aus. Der Acker wird weizenmüde, die Rebe wird altersschwach — beide Erscheinungen sind die Wirkungen der nämlichen Ursachen.

Die Beobachtung der Kulturpflanzungen in Nordamerika gibt mir einen Schlüssel zu der Lösung der Frage:

Warum wohl dieses Land nicht früher zu der Höhe europäischer Kultur emporgestiegen ist? Wie man von bevorzugten Rassen spricht, so kann man auch von bevorzugten Kontinenten sprechen. Oder vielmehr jene sind aus diesen hervorgegangen: die semitische, romanische, germanische und slavische Rasse. Die Pflanzstätten derselben waren in dem vorderen Asien und auf dem europäischen Festlande. Die natürlichen Bedingungen ihres Werdens und ihrer Kultur lagen in dem Lande, dem Boden und Klima. Amerika hatte eine viel einförmigere Pflanzen= und Thierwelt, auch nur eine Menschenrasse. Obschon erwiesener Maßen germanische Abkömmlinge in Amerika sich manches Jahrhundert vor Columbus niederließen und dort auch ihre Kulturerbschaft fruchtbringend machen wollten, was die Ueberreste von uralten Bauten in Amerika beweisen; obschon der Ausdehnung der Bauten nach zu schließen, jene Ansiedler groß an Zahl waren und sich zweifellos durch Nachwuchs vermehrten, so trafen die späteren Entdecker doch nur eine einzige unkultivirte Rasse und selbst in dem gesegnetsten Himmelsstriche in Mexiko und Peru erreichte die Civilisation nicht die Höhe, welche Aegypten Jahrtausende vor unserer Zeitrechnung erreicht hatte. Nicht die Abgeschlossenheit des Kontinents von den übrigen Erdtheilen trug die Schuld an der mangelhaften Entwicklung. China war auch ein abgeschlossenes Land, Japan ebenfalls und beide Reiche brachten es doch zu einer großen, wenn auch eigenartigen Kultur. Und wie leicht war Japan von Amerika aus auf dem Wege über die Inseln des Beringsmeeres zu erreichen?! Und selbst die Malayen von Madagaskar bis in den Stillen Ozean zeigen durch ihre große Bevölkerungsziffer im Gegensatz zu der verhältnißmäßig geringen Zahl der Einwohner, die zur Zeit der Entdeckung Amerikas daselbst angetroffen wurde, daß die Voraussetzungen für ihre Erhaltung und Fortpflanzung günstigere waren, als in der neuen Welt. Mit Australien steht es ähnlich.

Der „Menschendünger", den Europa seit Langem in kolossalen Schiffsladungen nach Amerika führt, hat allerdings die Bevölkerung auf Millionen erhöht. Aber das auffallende Aussterben der Yankeefamilien, der Stillstand in der älteren spanischen Kultur, die Ausbreitung gewisser, der Fortpflanzung hinderlichen und den Nachwuchs verschlechternden Frauenkrankheiten sind für mich ein Grund, das in den älteren Ansiedlergeschlechtern übliche Ein- und Zweikindersystem nicht allein in sozialen Angewöhnungen, Vorurtheilen, Rücksichten und Lastern zu suchen. Ohne die starke Einwanderung würde die Bevölkerung kaum in dem Grade wie die deutschen oder slavischen Völker in Europa sich vermehren, sie würde meiner Ueberzeugung nach zurückgehen, sobald die Rasse der Kolonisten in die zweite und dritte Generation eingetreten sein würde. Die langen Gesichter, die hohlen Augen und die trockenen Häute der Yankees, sowie die schneidermäßigen Gestalten, die bleichen Antlitze und die krankhaften Anlagen der Lady's sind die sichersten Anzeichen für den Fortschritt der Degeneration. Amerika wird die europäische Kultur und die mannigfaltige Fruchtbarkeit der alten Welt niemals zu übertreffen vermögen, es müßte denn sein, daß der Erdball eine andere Stellung zur Sonne annimmt.

XXV.

Im Föhrenwald, den 26. August 1883.

Dein letzter Brief hat mich nicht wenig in Erregung gebracht. Was Dir nicht einfällt?! Du willst meine Briefe veröffentlichen?! Nun, was bin ich in Amerika schon alles gewesen! Auch Schriftsteller soll ich noch werden? Daran habe ich sicherlich in meinem Leben nie gedacht. Aber es kommt mir auf ein Metier mehr nicht zusammen. Also werde ich Schriftsteller. Taufe Du mich auf den Namen Niemand, wie es einem vielwandernden und vieldulbenden Odysseus ziemt, und stehe mir dabei getreulich zu Gevatter im Kampfe gegen die Riesen Humbug und Lüge. Nur um Eines bitte ich Dich noch! Streiche soviel Du kannst, und streiche namentlich alles, was Dritte nicht weiter interessirt oder angeht. Ich überlasse dies Deinem Takte und Deiner Erfahrung. Was ich geschrieben, ist meine wohlbegründete Ueberzeugung, die ich gegenüber Jedermann offen und rückhaltlos vertrete, wenn es sein muß. Gleichwohl würde ich die Bewilligung zur Veröffentlichung meiner Briefe nicht geben, wenn ich nicht auf Deine Versicherung baute, daß die Publikation im Interesse des Volkes und der Wahrheit läge. Einer Ueberarbeitung unterziehe ich die Briefe nicht, weil ich dazu keine Zeit noch Lust habe. Finge ich das Lesen an, so würde ich mit dem Verbessern nie fertig werden. Sinnstörende und korrekturbedürftige Sätze wirst Du selbst ausmerzen oder zurecht drehen, du hast mehr Routine darin als ich. Zur Sache!

Mit Deiner Sendung von Bildern aus Obpacher's Geschäft in München habe ich einen ordentlichen Profit gemacht. Trotz des hohen Zolles gingen die wirklich schönen und allerliebsten Dingerchen rasch ab. In wenigen Tagen hatte ich sie alle bei Freunden und Bekannten abgesetzt, die damit Geschenke machen und große Ehre aufheben. Für die Bilder, die Du mir zu 30 Pf. das Stück angekauft, wird in hiesigen Läden 2 und 3 Dollars bezahlt. Selbstverständlich sind die Münchener Fabrikate bei den feinen Amerikanern ächte Pariser Waare. Ich habe die Hälfte oder ein Drittel, auch ein Viertel des Ladenpreises verlangt und gleichwohl einen Schnitt gemacht. Mein Chef kann weder den Ursprung noch den Preis der Bilder begreifen. „Wie kann so etwas Schönes aus Deutschland kommen! Das ist ganz unmöglich!" Aber nicht blos mein Chef äußerte sich so. Ein mir bekannter Kaufmann, der mit solchen Bildern früher Handel trieb, erklärte mir, das nie gewußt zu haben, er habe alle diese Sachen aus Paris bezogen, die deutschen Kaufleute selbst geben sie für Pariser Artikel aus, um höhere Preise zu erzielen. Die deutschen Industriellen seien viel zu viel vom Zwischen- und Kommissionshandel abhängig, die deutsche Regierung und Industrie sollte Exportmusterlager in fremden Ländern errichten und vor Allem für Reinigung der nichtsnutzigen Wahlkonsulate Sorge tragen. Dann würden sowohl die Produzenten als Konsumenten besser fahren.

Da Du mir eine weitere Sendung neuer Bilder in Aussicht gestellt hast, so möchte ich Dich bitten, zumeist nur Bilder mit englischen Auf- und Inschriften zu wählen. Diese ziehen am meisten, zumal die einheimischen Fabrikate den Vergleich mit den Münchener Erzeugnissen gar nicht aufnehmen können. Woher soll auch in Amerika künstlerisches Geschick kommen? Das eignet man sich nicht in hastiger Akkordarbeit und Geldjagd an. Auch wecken die äußerlichen Erscheinungen der Natur nicht den Kunstsinn, wie es der tiefblaue Himmel und die duftenden Berge Italiens oder die poesievollen Wälder und Alpen Deutschlands vermögen. Die Kunst kann nur da zu einer selbstständigen Blüthe gedeihen, wo das öffentliche, soziale und private Leben zusammen wirken, um Anregung zu neuen erhebenden Ideen und erhabenen Idealen zu geben. Damit in Einklang muß ein höherer Zug zu wirklicher Bildung stehen, die in Amerika nur auf den Charlatanismus und die Geldschneiderei dressirt wird. Endlich muß zur Pflege höherer Ideen und besserer Bildung die Gelegenheit zur sinnlichen Wahrnehmung und Geschmacksförderung treten, welche abgesehen von der äußeren Natur vornehmlich nur die lebendige Umgebung bieten kann. Die herrlichen Gestalten des Jupiter, der Minerva, Juno und Venus sind nicht zufällig auf dem Boden Griechenlands entstanden. Warum konnten gerade die Italiener und Deutschen so schöne Madonnen malen? Wo keine liebliche Natur und kein hübscher Menschenschlag, da entbehrt die Kunst der äußeren Eindrücke und Vorbilder, an denen sie sich emporheben kann. An den eckigen und dürren Formen der Yankees kann sich der Künstler nicht erwärmen. Die unwahren Formen und unnatürlichen Gesichter der Ladys können keine Künstler zur Darstellung von Musen, Nymphen, Bacchantinen und Göttinen dienen. Nur an den runden, vollen, üppigen und dabei edlen und harmonischen Gestalten der griechischen Frauenwelt konnten die idealen Gestalten einer Psyche, Athene und Aphrodite heranreifen. Nur der Aufenthalt in den wunderbaren Hainen, welche dem Schutze der Erinnyen anvertraut waren, konnten die

Dichter die Stimmung einathmen, welche sie zu unsterb=
lichen Werken begeisterte. Als mit den Idealen die Haine
sammt den murmelnden Quellen und erfrischenden Bächen
verschwanden, da starb die griechische Kunst. Die Liebe zu
den Schönheiten der Natur bezeichnet den Grad der Be=
fähigung zur Kunst. Die Römer waren gleich den Ameri=
kanern zu viel „Praktiker", unter der Herrschaft des manchester=
lichen Geistes konnte sich keine eigene Kunst ausbilden. Die
römische Kunst war aus Griechenland bezogen und meist
nur von Griechen geübt. Erst als religiöse, wissenschaft=
liche und nationale Ideen und Ideale wieder in Italien
einzogen, erblühte dort eine eigene Kunst; die heute im
Lande der Citronen hausende Bourgeoisie hat keine Ideale
mehr, daher kopirt dort die Kunst, welche bei dieser ins
Brod geht, lediglich die Pariser Mode. Die amerikanische
Kunst ist Pariser, Münchener, Düsseldorfer, Berliner und
Wiener Mache — weiter nichts. Wie mit der Kunst steht
es mit der Kunstindustrie. Darin kommen die Amerikaner
den Europäern nie „über".

Die heurige Getreideernte scheint nicht gut ausgefallen
zu sein. Die Berichte lauten im Allgemeinen wenig günstig.
Ich behalte also doch Recht. Fürst Bismarck thut gewiß
gut, daß er nach Mitteln und Wegen zum Schutze und
zur Erhaltung der deutschen Landwirthschaft sorgt, schon aus
dem einen Grunde, weil in Rußland wie in Amerika der
Fortschritt im Raubbau und der Klimaverschlechterung das
seinige zur Vermehrung ungenügender Ernten beitragen
wird. Der deutsche Staatsmann muß darum sein Augen=
merk ganz besonders darauf richten, daß die einheimische
Landwirthschaft stets in der Lage ist, unterstützt durch ein
gemäßigtes Klima und eine verständigere Gesetzgebung, den
Bedarf des eigenen Volkes zum größten Theil zu decken.

Die abnormen Erträge des amerikanischen Getreidebaues können die deutsche Wirthschaftspolitik nicht bestimmen, die Dinge gehen zu lassen, wie sie eben gehen oder gar in das total verfehlte Geleise der amerikanischen Produktion einzulenken.

Das Papier geht zur Neige und der Tag. Ich schließe mit dem Wunsche, daß Du bei der nochmaligen Durchsicht meiner Briefe recht peinlich zu Werke gehen und strenge Kritik üben mögest. Dann wird vielleicht nichts übrig bleiben als einige Gedanken, aber wie viele Menschen gibt's, die in einem langen Leben nicht einmal einen einzigen Gedanken zur Welt brachten? Das ist mein Trost. Eine Freude aber mehr wäre es für einen deutschen Wandersmann, wenn seine Rathschläge im Vaterlande Gehör fänden. Grüße mir die Freunde in der lieben deutschen Heimath!

Ende.

Druck von Ernst Stahl in München.

www.ingramcontent.com/pod-product-compliance
Lightning Source LLC
Chambersburg PA
CBHW031333160426
43196CB00007B/675